Gerhard Uhlhorn

Die kirchliche Armenpflege in ihrer Bedeutung für die Gegenwart

Gerhard Uhlhorn

Die kirchliche Armenpflege in ihrer Bedeutung für die Gegenwart

ISBN/EAN: 9783743661929

Hergestellt in Europa, USA, Kanada, Australien, Japan

Cover: Foto ©Suzi / pixelio.de

Weitere Bücher finden Sie auf **www.hansebooks.com**

Die kirchliche Armenpflege

in ihrer Bedeutung für die Gegenwart

von

Gerhard Uhlhorn, D.
Abt zu Loccum.

Göttingen,
Vandenhoeck & Ruprecht.
1892.

Inhalt.

		Seite
I.	Einleitendes	1
II.	Kirchliche und bürgerliche Armenpflege	10
III.	Die kirchliche Armenpflege und die freie Liebesthätigkeit	25
IV.	Die kirchliche Armenpflege und das Gemeindeleben	43

I. Einleitendes.

Die meisten neueren Verfassungsgesetze der deutschen evangelischen Landeskirchen rechnen zum Wirkungskreise der Kirchenvorstände, Gemeindekirchenräthe, Presbyterien oder wie die Vertretungen der Einzelgemeinden sonst heißen mögen, auch die Leitung der kirchlichen Armenpflege.

Vorbildlich war in diesem wie in manchen andern Stücken die Rheinisch-Westfälische Kirchenordnung vom 5. März 1835 [1]). Nach § 5 derselben wird jede Ortsgemeinde in ihren Gemeindeangelegenheiten durch ein Presbyterium vertreten, welches aus dem Pfarrer oder den Pfarrern, aus Aeltesten, Kirchmeistern und Diakonen besteht. Die letzteren bezeichnet § 17 auch als „Armenpfleger" und überträgt ihnen „die Sorge für die Armen in der Gemeinde." „Sie untersuchen deren Familienverhältnisse, ihren häuslichen und sittlichen Zustand, erforschen deren Bedürfnisse, machen die nöthigen Anträge zur Befriedigung derselben in der Versammlung des Kirchenvorstandes und vollziehen in dieser Hinsicht die gefaßten Beschlüsse". Sie verwalten ferner den Armenfonds der Gemeinde und besorgen die Sammlungen der Beiträge für die Kirche und die Armen der Gemeinde. Eine Zusatzbestimmung zu § 14 vom 25. August 1853 überwies dann dem gesammten Ortspresbyterium „die Leitung der kirchlichen Einrichtungen für Armen- und Krankenpflege" [2]).

Auf den Gebieten lutherischer Reformation nahm man zwar die der reformirten Kirche eigenthümliche Unterscheidung von

---

1) Friedberg, Die geltenden Verfassungsgesetze der evangelischen deutschen Landeskirchen (Freiburg i. B. 1885) S. 28 ff.
2) Friedberg, a. a. O. S. 25.

Aeltesten und Diakonen nicht mit herüber, wohl aber übertrug man auch da, wo der Kirchenvorstand oder das Presbyterium aus lauter sich gleich stehenden Mitgliedern zusammengesetzt ist, diesem in seiner Gesammtheit die Leitung der kirchlichen Armenpflege, während die Ordnung der Geschäfte, die Ueberweisung einzelner Geschäfte und so auch der Armenpflege an einzelne Mitglieder des Kirchenvorstandes bezw. auch die Bestellung von besonderen Helfern (Diakonen) aus der Gemeinde dem Kirchenvorstande je nach den örtlichen Verhältnissen zu beschließen überlassen blieb. Es wird genügen einige der wichtigeren Verfassungsgesetze anzuführen. Das Verfassungsgesetz der evangelisch-lutherischen Kirche des Herzogthums Oldenburg vom 11. April 1853 überträgt in Art. 30 Nr. 4 dem Kirchenrathe „die kirchliche Armen- und Krankenpflege; erstere so weit erforderlich im Einverständniß mit den Armenbehörden; Fürsorge für Verwahrloste und bürgerlich Bestrafte" [1]. Fast wörtlich so die Kirchenverfassung der evangelisch-protestantischen Kirche des Großherzogthums Baden vom 5. Septbr. 1861 in § 38 [2]. Nur fügt sie hinzu „Er bestellt hiezu Gemeindehelfer (Diakonen), wo nur immer die Verhältnisse es zulassen". Die Kirchenvorstandsordnung für die Hannoversche lutherische Landeskirche vom 9. Oktbr. 1864 bestimmt in § 37: „dem Kirchenvorstande liegt die Leitung der christlichen Liebesthätigkeit insbesondere der Armen- und Krankenpflege ob, soweit dieselben von der Kirchengemeinde ausgehen". Auch diese Ordnung erwähnt die Fürsorge für Verwahrloste und entlassene Sträflinge noch besonders und ermächtigt den Kirchenvorstand, sich nach Umständen der Hülfe anderer Gemeindeglieder zu bedienen, auch die Thätigkeit der etwa bestehenden christlichen Vereine in Anspruch zu nehmen und in geeigneten Fällen sich besondere Helfer in amtlicher Stellung beizuordnen [3]. Die Kirchen-, Gemeinde- und Synodalordnung für die alten Provinzen Preußens vom 10. Septbr. 1873 sagt § 17: „Dem Gemeindekirchenrathe liegt die Leitung der kirchlichen Einrichtungen für Pflege der Armen, Kranken und Verwahrlosten ob. Geeigneten Falles setzt er sich mit den bürgerlichen Armenbehörden und Institutsverwaltungen, so wie etwa be-

---

1) Friedberg, a. a. O. S. 564.
2) Friedberg, a. a. O. S. 482.
3) Friedberg, a. a. O. S. 136.

stehenden freien Vereinen in Einvernehmen. Auch kann er sich Helfer aus der Gemeinde, insonderheit aus der Gemeindevertretung beiordnen"[1]). Sachlich dieselben Bestimmungen haben die kirchlichen Verfassungsgesetze von Schleswig-Holstein, der Provinz Hessen, der reformirten Landeskirche der Provinz Hannover und ebenso die des Großherzogthums Hessen, des Königreichs Württemberg, von Anhalt, Waldeck u. s. w., während die Braunschweigische Kirchenvorstandsordnung vom 30. Nov. 1851 und die für die lutherischen Gemeinden in Bayern, diesseits des Rheins nur allgemein von einer Förderung und Aufmunterung der Liebesthätigkeit durch den Kirchenvorstand reden[2]). Gar nichts der Art enthält die Kirchenvorstandsordnung für die lutherische Kirche des Königreichs Sachsen vom 30. März 1868. Zwar war in dem von der Regierung vorgelegten Entwurf der K.V.O. unter den Obliegenheiten des Kirchenvorstandes auch die Mitwirkung bei der Armen- und Krankenpflege aufgenommen. Allein die zweite Kammer lehnte diese Bestimmung aus Furcht vor Collisionen mit der bürgerlichen Armenpflege ab, und die erste Kammer, die dem Entwurf zugestimmt hatte, gab im Vereinigungsverfahren nach, jedoch unter der ausdrücklich zu Protokoll gegebenen Erklärung, der auch die Regierung zustimmte, „daß es dem Kirchenvorstande nichts besto weniger unverwehrt bleibe, die Armen in der Gemeinde mit Rath und That zu unterstützen".

Etwas schlechthin Neues enthielten die in Rede stehenden Bestimmungen auch für die lutherische Kirche insofern nicht, als die Organe der lutherischen Gemeinden (die Geistlichen und die Juraten, Kastenherren, Kirchmeister oder wie sie hießen) auch früher bereits eine Thätigkeit auf dem Gebiete der Armenpflege ausgeübt hatten. Und doch darf man die Bestimmungen als etwas neues betrachten, denn was sie fordern, eine organisirte selbständige kirchliche Armenpflege, hatte die lutherische Kirche bis dahin nicht gekannt. Daß die angeführten Verfassungsgesetze eben eine solche selbständige von den Organen der Kirche geübte Armenpflege fordern, darüber kann

---

[1] Friedberg, a. a. O. S. 54.
[2] Braunschweig: „Auch wird derselbe der Privatwohlthätigkeit der Gemeindegenossen Aufmunterung geben" (§ 39 Friedberg S. 772). Bayern: „Zum Wirkungskreise des K.V. gehören: 4. die Förderung der Anstalten christlicher Wohlthätigkeit und thätiger christlicher Liebe" (Friedberg S. 322).

ein Zweifel nicht bestehen. Unterscheiden sie doch (man vergleiche nur z. B. das für die alten Provinzen Preußens) die von den Kirchenvorständen zu übende Armenpflege ganz klar einerseits von der bürgerlichen Armenpflege, andererseits von der freien Liebesthätigkeit einzelner Gemeindeglieder oder der Vereine. Noch deutlicher tritt das hervor, wenn man damit etwa die Bayrische Kirchenvorstandsordnung vergleicht, die nur von einer „Förderung der Anstalten christlicher Wohlthätigkeit und thätiger christlicher Liebe" redet. Die Ordnungen der übrigen evangelischen Kirchen wollen offenbar mehr. Der Kirchenvorstand soll nicht bloß die von andern geübte Wohlthätigkeit fördern, er soll selbst Armenpflege üben. Es soll eine von ihm geleitete kirchliche, von der bürgerlichen verschiedene Gemeindearmenpflege vorhanden sein. Eine solche Armenpflege ist aber für das Gebiet der lutherischen Reformation etwas Neues. Wohl enthalten auch die lutherischen Kirchenordnungen aus der Reformationszeit eingehende Vorschriften über Armenpflege, aber diese ist weder eine rein kirchliche noch eine rein bürgerliche. Sie setzt die Einheit der kirchlich-bürgerlichen Gemeinde voraus und ist dementsprechend selbst kirchlich-bürgerlich[1]). Nur in der reformierten Kirche und auch in dieser nur so weit, als sie sich im Gegensatz gegen die bürgerlichen Gewalten entwickelt hat, findet sich eine ausgebildete rein kirchliche Armenpflege. Ihr ist nach dem maßgebenden Vorbilde der apostolischen Kirche der Diakonat als Armenpflegeamt ein gottgeordnetes Amt der Kirche wie das Lehramt und das Aeltestenamt. Neben der Predigt des Evangeliums, der Verwaltung der Sacramente und der Kirchenzucht betrachtet sie auch die Armenpflege als eine zum Wesen der Kirche gehörende Aufgabe[2]). Von diesen Anschauungen aus hatte sich namentlich in den Gemeinden am Niederrhein eine lebenskräftige kirchliche Armenpflege entwickelt und bis in unser Jahrhundert erhalten. Da liegen die Wurzeln der Bestimmungen über kirchliche Armenpflege, wie sie in der Rheinisch-Westfälischen Kirchenordnung enthalten und von da in die neueren Verfassungsgesetze der deutschen evangelischen Landeskirchen übergegangen sind. Wir werden dankbar anerkennen müssen, daß die lutherische Kirche, wie das auch sonst geschehen ist, in diesem

---

1) Vgl. Uhlhorn, die christliche Liebesthätigkeit, III. S. 73
2) Ebendas. III. S. 141 ff.

Stücke durch das Vorbild der reformirten zu erneuter Liebesthätigkeit angeregt ist. Freilich ohne Modificationen konnten die
lutherischen Kirchengebiete die Bestimmungen der Rheinisch-Westfälischen Kirchenordnung nicht herübernehmen; die lutherische Kirche
kennt kein gottgeordnetes Armenpflegeamt. Ihr sind die Verhältnisse der apostolischen Kirche zwar in gewissem Maße vorbildlich,
aber nicht normativ. Wie nur Eine Aufgabe der Kirche, nämlich
die Predigt des Evangeliums und die Verwaltung der Sacramente,
so kennt sie auch nur Ein Amt, das Predigtamt. Man mußte
deshalb das specifische Diakonenamt der Rheinisch-Westfälischen
Kirchenordnung fallen lassen, und die Armenpflege, worin übrigens
der oben erwähnte Zusatz der Rheinisch-Westfälischen Kirchenordnung
bereits vorangegangen war, dem gesammten Kirchenvorstande übertragen.

Dazu war man aber auch vom lutherischen Standpunkt aus
voll berechtigt. Zwar die Versuche, denen man öfter begegnet, die
Berechtigung der kirchlichen Armenpflege aus dem der Kirche gegebenen Auftrage, das Evangelium zu predigen, herzuleiten, die
Armenpflege so zu sagen zu einem Annex der Wortverwaltung zu
machen, halte ich für verfehlt. Man hat gesagt, Wort und Sacra-
ment werden im Gottesdienst verwaltet, deshalb ist es die Pflicht
der Kirche, jedes Gemeindeglied cultusfähig zu machen, zu verhindern,
daß es nicht durch Armuth von der Theilnahme am Gottesdienst
zurückgehalten werde. Oder man argumentirt[1]): Zur Wortverwaltung gehört die Seelsorge. Seelsorge läßt sich nicht üben
ohne Armenpflege. Weder auf dem einen noch dem andern Wege
läßt sich die Nothwendigkeit und damit die Berechtigung einer
organisirten kirchlichen Armenpflege darthun. Vom Wesen der
Kirche aus ist dieselbe überhaupt nicht zu begründen. Ausgehen
müssen wir vielmehr von dem Gebot der Nächstenliebe. Dieses
fordert, sich der Armen und Nothleidenden anzunehmen, ihnen zu
helfen, daß sie, um gleich das höchste Ziel der Armenpflege zu bezeichnen, trotz der Armuth, trotz der Noth doch ihren Lebenszweck

---

[1]) So Rothe in der Ethik V. § 1172 S. 450: „Ohne Armenpfleger zu
sein, kann der Kleriker in unseren Tagen unmöglich Seelsorger sein". Aus ähnlichen Anschauungen geht es hervor, daß Nitzsch, Harnack, Zezschwitz, Knote u. a.
die gesammte Innere Mission in die Seelsorge einreihen. Auch das halte ich für
verfehlt.

erreichen, doch werden, was sie nach Gottes Gedanken werden sollen. Diese Forderung ist allein auf dem Wege des gemeinsamen Handelns, durch eine organisirte Armenpflege zu erreichen. Eine solche ist daher eine nothwendige Erweisung des christlichen Lebens. Aber wie sie zu organisiren ist, ob als kirchliche oder bürgerliche oder in beiden Formen zugleich? wer sie leitet, die Organe der Kirche oder die des bürgerlichen Gemeinwesens oder beide gemeinsam? das ist für den Lutheraner eine bloße Zweckmäßigkeitsfrage, deren Beantwortung von den geschichtlichen Verhältnissen abhängt, die also in der einen Zeit so, in der andern anders beantwortet werden kann. Es giebt keine für alle Zeiten und unter allen Verhältnissen allein richtige und allein dem göttlichen Gebot entsprechende Form der Armenpflege, sondern es fragt sich, durch welche Art der Armenpflege der Zweck derselben am sichersten und umfassendsten erreicht wird. Umgeben von einer unchristlichen Welt mußte die apostolische Kirche die Armenpflege direct zu einer Sache der kirchlichen Organisation machen, aber das ist nicht mehr maßgebend, nachdem die Familie, der Staat, die Gesellschaft christlich geworden sind. Die Reformationszeit knüpfte ein enges Band zwischen der Kirche und der christlichen Obrigkeit, deren Amt Luther so gern als das Amt der Liebe bezeichnet, zwischen der kirchlichen und bürgerlichen Gemeinde, und dem entsprach eine Armenpflege, die weder rein kirchlich noch rein bürgerlich war, sondern wie die Gemeinde selbst kirchlich-bürgerlich. Gegenwärtig sind die Voraussetzungen dieser Art Armenpflege verschwunden, der Staat ist nicht mehr die christliche Obrigkeit der Reformationszeit, die kirchliche Gemeinde und die bürgerliche nicht mehr dieselbe einheitliche Gemeinde. Davon ist die Folge, daß auch die Armenpflege sich sondert. An die Stelle der gemischt kirchlich-bürgerlichen ist eine rein bürgerliche getreten, und wo in einzelnen Territorien und in manchen Städten noch die Mischform besteht, ist die Kirche stark zurückgetreten und der staatliche Factor in einem Maße zum überwiegenden geworden, daß man kaum noch von einer Mischform reden kann. So weit läßt sich auch die Entwickelung schon jetzt übersehen, daß mit der zunehmenden Vermischung der Confessionen, mit der fortschreitenden Sonderung der kirchlichen und bürgerlichen Gemeinde auch die Reste der gemischten Armenpflege schwinden werden. Dann bleibt der Kirche nur die Wahl, entweder eine selbständige Armenpflege neben der bürgerlichen zu üben oder auf jede Theilnahme an der Armenpflege zu verzichten. Das letztere darf sie nicht, schon um ihrer selbst willen nicht, das erstere zu thun ist sie nicht bloß berechtigt sondern verpflichtet, so bald sich herausstellen sollte, daß die kirchliche Armenpflege neben der bürgerlichen nothwendig und nicht zu entbehren ist, um das Ziel der Armenpflege überhaupt zu erreichen. Das wird sich aber im Laufe unserer Betrachtung herausstellen und unter dieser Voraussetzung ist gegen die Herübernahme von Bestimmungen über die kirchliche Armenpflege, die ursprünglich auf reformirtem Boden erwachsen sind, in die Ordnungen der lutherischen Kirche nicht nur kein Widerspruch zu erheben, sondern dieselbe vielmehr als ein Segen verheißender Schritt zu begrüßen.

Freilich zunächst waren diese Bestimmungen, wie so vieles Andere in den neuen Verfassungsgesetzen nur ein Ideal, das man aufstellte. Die Verwirklichung desselben läßt noch viel zu wünschen übrig. Wie es damit in andern Landeskirchen steht, übersehe ich nicht völlig, von der Hannoverschen Landeskirche kann ich es mit Bestimmtheit sagen. Zwar giebt es schon eine Reihe von Gemeinden, in denen hoffnungsreiche Anfänge einer kirchlichen Armenpflege vorhanden sind, in denen der Kirchenvorstand mit Ernst und Eifer bemüht ist, die Bestimmungen der Kirchenvorstandsordnung auszuführen. Aber in der bei weitem größten Zahl der Gemeinden beschränkt sich die Thätigkeit des Kirchenvorstandes darauf, die Gaben in den Gottesdiensten zu sammeln, zu zählen und zu vertheilen, oft nur an einzelnen dazu bestimmten Tagen und an dieselben ohne eingehende Prüfung auf die Armenliste gesetzten Personen, die dadurch so zu sagen Pensionäre des Klingelbeutels werden. Daß das keine kirchliche Armenpflege ist, die diesen Namen verdient, bedarf nicht erst des Nachweises. Schwerlich wird es in andern Landeskirchen viel besser stehen, und doch drängt gerade in unseren Tagen die Entwickelung des christlichen Lebens überhaupt und der Liebesthätigkeit insbesondere auf eine lebenskräftige kirchliche Armenpflege hin und macht deren Ausgestaltung zu einer der wichtigsten Aufgaben der Kirche.

In immer weiteren Kreisen, bei den verschiedensten Richtungen in der Kirche hat man erkannt, daß die Stärke der evangelischen Kirche in dem Gemeindeleben liegt, und daß die Zukunft der evangelischen Landeskirchen davon abhängt, ob es gelingt, ein wirkliches

Gemeindeleben zu schaffen, die Gemeinden zu mehr zu machen als zu bloßen Cultusgemeinden und rechtlich abgegrenzten Parochien. Dazu ist aber die Gemeindearmenpflege eins der wichtigsten Mittel. Sell wirft einmal in seinem Vortrage über „Die Mitarbeit der evangelischen Kirche an der sozialen Reform"[1]) die Frage auf: „Wie macht man aus Leuten, die mehr oder minder regelmäßig in Eine Kirche gehen, eine Gemeinde?" und antwortet darauf: „Durch eine kirchliche Armenpflege". Nun das ist gewiß nicht so gemeint, als sollte es die Armenpflege allein thun, aber darin wird man Sell Recht geben müssen, neben der glaubenskräftigen Predigt des Evangeliums, die immer die Hauptsache bleibt, giebt es nichts, was das Gemeindeleben sicherer und kräftiger zu wecken im Stande ist als die kirchliche Armenpflege.

Sodann bricht sich immer lebhafter das Bewußtsein Bahn, daß die gesunde Entwickelung der Liebesthätigkeit, aller der mannigfachen Bestrebungen, die wir unter dem Namen der Innern Mission zusammen zu fassen gewohnt sind, aufs dringendste einen engeren Anschluß dieser freien Liebesthätigkeit an das Gemeindeleben fordert. Die Zeit, in der man durch immer neue Vereinsbildungen helfen zu können meinte, ist vorüber. Es gilt jetzt, das ohne Verbindung mit der Kirche oder doch nur in loser Verbindung mit ihr entstandene charitative Leben mit der Kirche und ihren Organen in die rechte Verbindung zu setzen, soll es selbst nicht ausarten und in Zersplitterung kraftlos werden, soll es der Kirche wirklich den Segen bringen, den es ihr bringen kann. Das deutet wieder auf die kirchliche Armenpflege, denn diese ist der Punkt, wo die Verbindung gesucht werden muß.

Endlich glaube ich, daß auch die Entwickelung der bürgerlichen Armenpflege in Deutschland eine Erstarkung der kirchlichen Armenpflege dringend fordert. Verstehe ich diese Entwickelung recht, so ist die Periode einer gemischt bürgerlich-kirchlichen Armenpflege für immer vorüber, namentlich seitdem das Gesetz des Norddeutschen Bundes von 1867 und das Reichsgesetz über den Unterstützungswohnsitz von 1872 einen gleichmäßigen Rahmen für die bürgerliche Armenpflege in ganz Deutschland mit Ausnahme von Bayern und den Reichslanden geschaffen haben. Soll dann aber die von der

---

1) Darmstadt 1890, S. 15.

Kirche völlig losgelöste bürgerliche Armenpflege nicht einseitig die in ihrer Natur als Zwangsarmenpflege liegenden Consequenzen ziehen, wie in England, soll sie den Charakter bewahren, den sie in Deutschland trägt, und der in dem s. g. Elberfelder System so trefflich zu Tage kommt, dann muß ihr nicht bloß eine ungeregelte und zufällige Privatwohlthätigkeit, sondern eine geregelte kirchliche Armenpflege ergänzend zur Seite gehen, und das Ziel ist ein geordnetes Zusammenwirken aller Arten von Armenpflege, ein Ziel, das ohne eine kräftige kirchliche Armenpflege nicht zu erreichen ist.

Doch auf alle diese Punkte werden wir noch eingehend zurückkommen müssen, hier sollen sie nur angedeutet werden, um die Wichtigkeit der ganzen Frage von vorn herein ins Licht zu stellen.

Es ist denn auch eine der erfreulichsten Erscheinungen unseres kirchlichen Lebens, daß die Frage nach der rechten Ausgestaltung der kirchlichen Armenpflege in Ausführung der darüber in den Verfassungsgesetzen der evangelischen Kirchen gegebenen Bestimmungen überall im evangelischen Deutschland so zu sagen auf der Tagesordnung steht. Kirchenbehörden[1]) und Synoden beschäftigen sich mit ihr; die Eisenacher Conferenz hat sie zum Gegenstand ihrer Berathungen gemacht[2]), was mehr sagen will, auch in den Gemeinden wacht das Interesse dafür auf. In allen Landeskirchen giebt es bereits Gemeinden, in denen eine kirchliche Armenpflege neu begonnen ist, oder die davon noch vorhandenen Reste anfangen lebendig zu werden. Selbst da wo, wie z. B. im Königreich Sachsen, die Kirchenvorstandsordnung keine darauf bezüglichen Bestimmungen enthält, fühlt man das Bedürfniß und sucht es zu befriedigen[3]). Man kann sagen, es zeigt sich ein Fortschritt auf der ganzen Linie. Um so mehr möchte es angezeigt sein, die Frage nach der Bedeutung der kirchlichen Armenpflege in der Gegenwart und in Verbindung

---

1) Vgl. z. B. die Instruktion des Darmstädter Oberconsistoriums vom 8. Decbr. 1879 und die Bekanntmachung des Landesconsistoriums in Hannover vom 1. Aug. 1891.

2) Das von mir erstattete Referat und das Correferat des Prälaten Dr. Doll in Karlsruhe, sowie die Beschlüsse der Conferenz sind in den Protocollen derselben im allgemeinen Kirchenblatt abgedruckt. Der wesentliche Inhalt meines Referats hat in der gegenwärtigen Schrift Aufnahme gefunden, doch habe ich meine Ansichten eingehender begründet und nach manchen Seiten weiter ausgeführt.

3) Vgl. die Verhandlungen der Landessynode von 1890.

damit die Fragen nach ihrem Verhältniß zur bürgerlichen Armenpflege einerseits, wie zu der freien Liebesthätigkeit andererseits und nach ihrer richtigen Organisation einer eingehenden Besprechung zu unterziehen.

II. Kirchliche und bürgerliche Armenpflege.

Unter kirchlicher Armenpflege verstehe ich, wie schon aus dem Voraufgehenden erhellt, nicht jede von den Gliedern der Kirche, sei es von Einzelnen oder von Vereinen, geübte Wohlthätigkeit gegen die Armen, sondern die von den Organen der Kirche, genauer von den Organen der einzelnen Kirchengemeinden als solchen ausgeübte Thätigkeit zur Unterstützung der Armen und Nothleidenden. Suchen wir uns zunächst darüber klar zu werden, welche Stellung in diesem Sinne gefaßt die kirchliche Armenpflege in der Gesammtheit der Armenpflege einnimmt.

Gewöhnlich unterscheidet man zwei Klassen von Armenpflege, Zwangsarmenpflege und freiwillige[1]). Die öffentliche bürgerliche Armenpflege ist Zwangsarmenpflege. Sie ist durch Gesetz begründet, in der Form des öffentlichen Rechts erzwingbar, zwar nach der deutschen Gesetzgebung nicht so, daß den Armen ein von ihnen geltend zu machendes Recht auf Unterstützung zustände, wohl aber so, daß der Gemeinde, dem Armenverbande eine gesetzlich normirte Pflicht der Unterstützung obliegt, deren Erfüllung nöthigenfalls erzwungen werden kann. Dieser gesetzlichen Pflicht entspricht dann die Möglichkeit, die Mittel, deren es zu ihrer Erfüllung bedarf, auf dem Zwangswege durch Steuern (sei es so, daß directe Armensteuern erhoben werden, sei es so, daß man den Bedarf den Communalsteuern entnimmt, dieser Unterschied ist unwesentlich) zu beschaffen. Die freiwillige Armenpflege ist durch kein Gesetz normirt, sie kann selbst frei entscheiden, ob und in welchem Maße sie helfen will, und dem entspricht es dann, daß sie in ihren Mitteln auf freie Liebesgaben angewiesen ist. Zu dieser freiwilligen Armenpflege gehört auch die kirchliche, aber sie ist, übersehen wir das nicht, eine besondere Art derselben und darf nicht ohne weiteres, was in den

---

[1]) Vgl. hiezu Münstermann, Die deutsche Armengesetzgebung und das Material zu ihrer Reform (Leipzig 1887) S. 65 ff.

Verhandlungen über Armenpflege oft geschieht, der sonstigen freiwilligen Armenpflege, wie sie von Privaten oder Vereinen geübt wird (Privatarmenpflege), gleichgestellt werden. Sie ist zwar auch nicht gesetzlich gebunden, unterscheidet sich aber von der Privatarmenpflege dadurch, daß sie eine organisirte ist, daß die, welche sie ausüben, das nicht nach ihrem freien Willen thun oder auch lassen können, sondern als Organe der Kirche von Amtswegen handeln. Darin ist sie doch wieder der öffentlichen Armenpflege verwandt und nimmt so eine Mittelstellung ein zwischen der öffentlichen bürgerlichen und der eigentlich so zu bezeichnenden Privatarmenpflege. Diesen eigenthümlichen Charakter der kirchlichen Armenpflege möchte ich um so nachdrücklicher betonen, als darin ihre besondere Bedeutung liegt, indem sie in dieser Mittelstellung befähigt ist, nach beiden Seiten hin, nach Seiten der öffentlich bürgerlichen wie nach Seiten der Privatarmenpflege, Einfluß auszuüben.

Davon kann allerdings keine Rede sein, die bürgerliche Armenpflege durch die kirchliche zu verdrängen und zu ersetzen. Im Gegentheil vom evangelischen Standpunkte aus ist die volle und rückhaltlose Anerkennung der bürgerlichen Armenpflege die Voraussetzung der kirchlichen. Die Römische Kirche nimmt die Armenpflege principiell für die Kirche in Anspruch. Nach dem Tridentinum[1]) hat der Bischof von allem, „was zur Unterhaltung der Armen eingerichtet ist", Einsicht zu nehmen und dessen Ausführung zu überwachen, die ganze Armenpflege ist ex officio Sache des Bischofs. Durchführbar war dieser Satz schon zu Zeiten des Tridentinums nicht mehr. Selbst katholische Staaten haben gegen denselben ausdrücklich Protest eingelegt oder ihn stillschweigend bei Seite gestellt[2]). Auch in neuerer Zeit haben ihn katholische Schriftsteller in seiner Ausschließlichkeit fallen lassen. Das Recht des Staates, auch seinerseits in die Armenpflege einzugreifen, wird nicht mehr bestritten. Aber voll anerkannt wird es doch auch nicht. Die Armenpflege, sagt Ehrle[3]), beruht auf dem göttlichen Gebot der Liebe als dem obersten Armengesetz. Das zu predigen ist Aufgabe der Kirche;

---

1) Sess. XXII can. 8.
2) Vgl. Uhlhorn, „Die Christliche Liebesthätigkeit" III. S. 177 ff.
3) Fr. Ehrle S. J., Beiträge zur Gesch. und Reform der Armenpflege (Freiburg i/Br. 1881) S. 127.

deßhalb ist jeder Geistliche und jeder Bischof ex officio Anwalt und Pfleger der Armen. Zwar will Ehrle weder für die Kirche ein Monopol des charitativen Wirkens, noch für ihre Vertreter die oberste und ausschließliche Leitung desselben in Anspruch nehmen, aber zuletzt schreibt er doch der öffentlichen Gewalt in einem normalen Gemeinwesen nur zu die Armenpolizei und die gelegentliche Ergänzung der kirchlichen und der von der Kirche geleiteten Privatwohlthätigkeit in Zeiten außerordentlicher Noth oder an Orten, wo sich der Ausübung der kirchlichen Wohlthätigkeit besondere Schwierigkeiten entgegenstellen. Das heißt doch im Grunde, die Armenpflege ist Sache der Kirche, und der Staat hat diese nur zu unterstützen, indem er die Armenpolizei handhabt, und da, wo die Armenpflege der Kirche nicht ausreicht, mit seinen Mitteln helfend eintritt. Fast noch weiter geht Ratzinger[1]). Er argumentirt mit Schunk[2]): „Der Staat will Armenpflege befehlen, während doch die Liebe allein im Stande ist, sie zu üben; Liebe aber kennt der Staat nicht, er kennt nur das Recht und die Polizei, damit kann man in der Armenpflege nichts ausrichten". Deßhalb will Ratzinger nur kirchliche Gemeindearmenpflege nach dem Muster der alten Kirche. Der Staat hat nur die Pflicht, die Kirche darin zu unterstützen. Da kommt noch deutlicher zu Tage, daß der ganzen Anschauung, dem katholischen System entsprechend, ein zu niedriger Begriff vom Staate zu Grunde liegt. Nach Römischer Anschauung ist der Staat für den christlichen Geist undurchdringlich, er ist und bleibt Welt. Nach evangelisch-lutherischer Anschauung soll auch der Staat mit christlichem Geiste durchdrungen zum christlichen Staate werden, nicht in dem Sinne, daß er christliche Frömmigkeit mit seinen Machtmitteln erzwingt, wohl aber so, daß er seine Rechtsordnung im Sinne der christlichen Sittlichkeit durchführt und auf die Verwirklichung des Reiches Gottes als der vollkommenen sittlichen Gemeinschaft der Menschen hinstrebt[3]). Das ist die trotz aller Wandlungen des Staatslebens auch heute noch gültige Wahrheit der reformatorischen Bezeichnung des obrigkeitlichen Amtes als des Amtes der Liebe.

---

1) Ratzinger, Geschichte der Armenpflege (2. Aufl. Freiburg i/Br. 1884) S. 560.
2) Schunk, Die Armenpflege vom christlichen Standpunkte S. 16.
3) Schultz, Grundriß der ev. Ethik S. 76.

Deßhalb kommt dem Staate auch mehr zu, als bloß die Kirche, die eigentliche Inhaberin der Liebe, zu unterstützen, es kommt ihm nicht bloß die Armenpolizei zu, sondern er hat auch Recht und Pflicht Armenpflege zu üben. Für uns Evangelische ist das Entstehen einer bürgerlichen Armenpflege nicht ein Eingriff des Staates in den Bereich der Kirche, sondern ein Triumph des Christenthums, ein Zeichen, daß auch das bürgerliche Gemeinwesen unter dem Einfluß des christlichen Geistes steht.

Auch in evangelischen Kreisen haben eine Zeit lang ähnliche Gedanken Raum gewonnen. Auch hier bezweifelte man die Fähigkeit des Staates zu einer wirklichen Armenpflege und meinte als Ziel die Ersetzung der bürgerlichen durch die kirchliche ins Auge fassen zu müssen, glaubte auch in der ersten Begeisterung des wiedererwachenden Liebeslebens, dieses Ziel wirklich erreichen zu können. Nachklänge davon sind die geringschätzigen Urtheile über den Werth der bürgerlichen Armenpflege, denen man noch immer begegnet[1]). Ja selbst da, wo man an eine specifisch kirchliche Armenpflege nicht dachte, fand die Ansicht eifrige Vertreter, daß an die Stelle der bürgerlichen Zwangsarmenpflege lediglich die freiwillige treten müsse, da es sich hier um die Pflichten der Menschlichkeit und Nächstenliebe handele, Pflichten, die auf einem Gebiete liegen, auf dem der Staat nicht Gesetzgeber ist. Nicht das Machtgebot des Staates, sondern nur die freiwillige Thätigkeit könne hier wirklich helfen[2]). Gegenwärtig dürfen alle diese Anschauungen wohl als überwunden gelten, ebenso freilich auch die entgegengesetzte, die ebenfalls ihre Vertreter gefunden hat, die freiwillige Armenpflege müsse gänzlich der Zwangspflege weichen. Man darf es jetzt wohl als in den weitesten Kreisen zugestanden ansehen, daß eine genügende Armenversorgung nur durch ein Zusammenwirken aller Arten von Armenpflege zu erreichen ist, und als Ausdruck der heute herrschenden

---

[1]) z. B. bei Seifert, Die Centralisation in der Armenpflege (Leipzig 1886), wo S. 17 von der „harten Hand" des Staates bei der Armenpflege geredet wird und es heißt: „Man behandelt den Armen wie einen Verbrecher, weil man in der Armuth theils das schon verübte Verbrechen sieht oder wenigstens den Drang zur Verübung des Verbrechens fürchtet" (S. 19). Selbst das Urtheil von Achelis über die bürgerliche Armenpflege (Praktische Theologie II S. 371) ist etwas einseitig.

[2]) Vgl. die Literatur bei Münsterberg a. a. O. S. 70.

Absicht kann der Satz gelten, den schon der internationale Wohlthätigkeitscongreß in Frankfurt 1857 aufgestellt hat: „Die Armenpflege der bürgerlichen Gewalten, die der kirchlichen Aemter und die der freien Vereine sind jede in ihrem Maße berechtigt und haben organisch zusammen zu wirken"[1]).

Die Aufgabe der kirchlichen Armenpflege, gehen wir von dem Satze aus, kann also nicht die sein, die bürgerliche Armenpflege zu verdrängen und zu ersetzen, sondern nur die, sie zu ergänzen. Um uns aber darüber klar zu werden, in wiefern die bürgerliche Armenpflege einer Ergänzung bedarf, und daß gerade die kirchliche Armenpflege diese Ergänzung zu bieten geeignet ist, müssen wir etwas genauer noch auf den Unterschied der bürgerlichen und der kirchlichen Armenpflege eingehen.

Meinestheils kann ich diesen Unterschied nicht darin finden, daß der einen und der andern Art verschiedene Motive zu Grunde liegen. Man hat freilich versucht, die bürgerliche Armenpflege aus dem wirthschaftlichen Gesichtspunkte zu begründen. Die Armuth, so argumentirt man, entsteht daraus, daß der Arbeitsertrag nicht zum Lebensunterhalt des Arbeiters ausreicht. Dann ist aber die Gesammtheit der Consumenten, als deren Repräsentant der Staat erscheint, die den Vortheil des billigeren Arbeitsproducts hat, auch verpflichtet, sich der Armen anzunehmen. Oder es sind die unvollkommenen Staatseinrichtungen die Ursache, daß der Arbeitslohn nicht genügt. Dann erwächst damit dem Staat die Verpflichtung zur Hülfe. Daß diese Theorie nicht genügt, liegt auf der Hand. Das Almosen wird zum Lohnzuschuß. Zu einer Armenpflege kommt man auf diesem Wege nicht, denn zunächst wäre es doch die Pflicht des Staates, Maßregeln zu treffen, um den Arbeitsertrag zu einem genügenden zu machen. Sollte man aber meinen, sich dieser Verpflichtung durch die Einrichtung einer Armenpflege entziehen zu können, so würde das Urtheil Rothe's[2]) zutreffen: „Läßt die Gesellschaft in ihrem Schooße Einrichtungen fortbestehen, durch welche gewisse Menschenclassen zu eigentlicher Armuth verurtheilt werden, und sorgte nur dafür, daß diese dem Hunger nicht erliegen, so sind ihre Wohlthaten nichts als eine Abgabe vom Raube der Ungerech-

---

[1]) Vgl. Böhmert, Die Armenpflege in Zimmer's Handbibliothek für practische Theologie, Abth. 34 (Gotha 1890) S. 83.
[2]) Ethik IV § 1042 S. 300.

tigkeit". Eben so wenig kann die Begründung der bürgerlichen Armenpflege aus polizeilichen Gesichtspunkten genügen. Die allgemeinen Sicherheitsinteressen sollen zur Armenpflege führen, um zu verhindern, daß der Erhaltungstrieb der Menschen, wenn er sonst keine Befriedigung findet, zur Verletzung des Eigenthums treibt. Nur wenn für den äußersten Nothfall eine Zusicherung öffentlicher Hülfe gegeben ist, könne der Staat Eigenthumsverletzungen unbedingt verbieten und bestrafen. Ist denn etwa der heidnische Römische Staat aus polizeilichen Gesichtspunkten dazu gekommen, eine Armenpflege einzurichten? Zweifellos tragen beide Theorien Wahrheitsmomente in sich, sie zeigen, daß ein Zusammenhang der Armenpflege mit dem wirthschaftlichen Leben und dem Rechtsleben des Volkes besteht, den zu beachten von Wichtigkeit ist, da sich auch hier das Ungenügende einer bloß kirchlichen Armenpflege, die Nothwendigkeit einer bürgerlichen Armenpflege eben im Zusammenhange mit den wirthschaftlichen und polizeilichen Maaßregeln des Staates ergiebt. Aber eine ausreichende Begründung der bürgerlichen Armenpflege ist in diesen Theorien nicht zu finden, man muß vielmehr ethische Momente, man muß das Motiv der Nächstenliebe zu Hülfe nehmen. Auch die bürgerliche Armenpflege kann nur als Ausfluß der christlichen Nächstenliebe begriffen werden.

Worin liegt nun das Eigenthümliche der bürgerlichen Armenpflege, das sie von der freiwilligen unterscheidet? Es liegt eben darin, daß sie wie oben dargelegt wurde, Zwangsarmenpflege ist. Durch diesen ihren Charakter sind ihr dann aber auch bestimmte Schranken gezogen. Sie ist gesetzlich gebunden, verpflichtet, sich jedes Hülfsbedürftigen anzunehmen, wer er auch sei und aus welchen Ursachen auch seine Hülfsbedürftigkeit entstanden sein mag, und sie kann das, weil sich bei ihr nicht die Unterstützung nach den vorhandenen Mitteln richtet, sondern die nöthigenfalls zwangsweise aufzubringenden Mittel nach den nothwendig werdenden Unterstützungen. Darin liegt ihr Vorzug, darin liegt aber auch ihre Schranke. Sie muß sich darauf beschränken, sich der schon thatsächlich arm gewordenen anzunehmen. Wer noch nicht im Sinne des Gesetzes hülfsbedürftig ist, ist auch noch nicht Gegenstand der öffentlichen Armenpflege. Sie muß sich weiter in ihren Unterstützungen auf das Nothwendigste beschränken. Die Unterstützten dürfen nicht besser gestellt werden, als die ärmsten Arbeiter. Sie darf ihre Mittel nicht zu Zwecken verwenden, die über die allgemeine Fürsorge hinausgehen, darf namentlich keine Unterschiede machen, etwa Rücksichten auf die frühere Lage der Bedürftigen nehmen, denn sie handelt nicht im Interesse der einzelnen Person, sondern im Interesse der Allgemeinheit. Sie muß endlich auch, um dem Andrängen zu wehren und nicht arbeitsscheue Müssiggänger zu unterstützen, den Unterstützten gewisse Beschränkungen, z. B. den Verlust öffentlicher Rechte, Wahlrechte u. s. w. auferlegen. Wohl weiß ich, daß die deutsche Armenpflege alle diese Consequenzen nicht so strenge zieht, wie etwa die englische. Die nach dem Elberfelder Vorbilde organisirte städtische Armenpflege geht vielfach (freuen wir uns dessen) über die engsten einer Zwangsarmenpflege gezogenen Grenzen hinaus[1]). Sie wirkt prophylactisch, sie strebt danach zu individualisiren, sie nimmt Rücksichten auf einzelne Personen, aber selbst eine solche Armenpflege vorausgesetzt, bleibt doch noch ein gut Stück Arbeit übrig. Es giebt Nothleidende, die von der öffentlichen Armenpflege nicht erreicht werden, weil sie nicht oder doch noch nicht im Sinne des Gesetzes als hülfsbedürftig gelten können, und die doch sehr hülfsbedürftig sind. Es giebt Arme, denen mit Darreichung des Nothwendigsten, wie es die öffentliche Armenpflege bietet, nicht wirklich zu helfen ist, an denen mehr geschehen muß. Hier muß die freiwillige Armenpflege ergänzend eintreten, und sie kann es, eben weil sie eine freie ist. Sie ist nicht gesetzlich verbunden irgend Jemandem zu helfen, aber sie kann jedem helfen, den sie für hülfsbedürftig erachtet. Es ist ihr keine Schranke für ihre Hülfe gezogen, sie kann dieselbe vielmehr ganz dem einzelnen Falle anpassen, die Art und das Maß der Hülfe frei bestimmen; sie kann in einem Maße prophylactisch wirken und in einem Maße individualisiren, wie es auch die beste öffentliche Armenpflege nicht vermag, denn sie handelt eben nicht wie diese, im Interesse der Gesammtheit, sondern im Interesse an der einzelnen Person.

Im Bereich der freiwilligen Armenpflege gewinnt nun aber die kirchliche eine besondere Bedeutung. Uebersehen wir nicht, daß auch die freiwillige Armenpflege ihre Schranken hat, daß auch sie

---

[1]) Einen in hohem Maße erfreulichen Einblick in das städtische Armenwesen gibt das interessante Werk von Böhmert, Die Armenpflege in 77 deutschen Städten, Dresden 1886. Für Hannover vgl. Rothert, Die innere Mission in H. (Stuttgart 1889) S. 206 ff.

an Mängeln leidet. Sie sind denen der öffentlichen Armenpflege entgegengesetzte. Hier zu viel Gebundenheit, dort zu wenig. Der freiwilligen Liebesthätigkeit, so weit sie bloß private ist, haftet ihrer ganzen Art nach etwas Zufälliges an. Man kann sich nicht darauf verlassen, daß sie eingreift. Sie ist ganz abhängig von den zu Gebote stehenden Mitteln, von den oft durch unvorhergesehene Einflüsse bedingten Entschließungen. Sie hat etwas regelloses, thut bald zu viel, bald zu wenig, häuft ihre Wohlthaten auf den einen Nothleidenden und läßt den anderen ganz unbeachtet. Da ist es denn von dem größten Werthe, in der kirchlichen Armenpflege eine Art der freiwilligen zu besitzen, die an diesen Uebeln nicht, oder doch in geringerem Maße leidet. Da sind die Handelnden nicht Private, die nach ihrem Belieben sich der Armen annehmen oder sie auch abweisen, sondern die Organe der Kirche, die durch ihr Amt verpflichtet sind, den Armen zu Hülfe zu kommen. Da hängt es nicht von zufälligen Umständen ab, ob Mittel vorhanden sind, diese fließen in den Gaben der Gemeinde zwar frei, aber doch mit einer gewissen Regelmäßigkeit zu. Da haben auch die handelnden Personen eben als Organe der Gemeinde einen ganz andern Ueberblick über die vorhandenen Bedürfnisse und können darum die Hülfe den Verhältnissen richtiger anpassen. Das Alles giebt der kirchlichen Armenpflege eine größere Regelmäßigkeit und Stetigkeit, als sie der bloß privaten zukommt, ohne sie doch andererseits in der Freiheit ihres Handelns zu beschränken.

Dem füge ich noch ein Weiteres hinzu. Jede wahre Armenpflege, soll sie nicht zur Bettelpflege werden, muß heilend wirken, sie muß dahin streben, nicht nur die augenblickliche Noth, sondern, so weit irgend möglich, auch die Ursachen der Noth zu beseitigen; sie muß sittlich auf die Armen einwirken, um diese, wo das noch angeht, wieder wirthschaftlich selbständig zu machen. Das soll und kann die bürgerliche Armenpflege auch, und gern sei es bezeugt, sie thut es in Deutschland auch wirklich. Aber nicht leugnen läßt es sich, daß ihr die Lösung dieser Aufgabe mehr und mehr erschwert wird. Sittliche Einwirkung auf die Armen setzt ein sittliches Band zwischen Unterstützenden und Unterstützten voraus. Nun hat aber die wirthschaftliche und sociale Entwickelung der neueren Zeit, die Freizügigkeit, das Hin= und Herfluthen der Bevölkerung, das Band zwischen der unterstützenden Gemeinde und den Unterstützten schon

stark gelockert, und das sonst so segensreiche Gesetz über den Unterstützungswohnsitz hat dazu auch seinerseits beigetragen. Voraussichtlich wird sich das in Zukunft noch verschlimmern. Wenn ich
recht sehe, drängt die Entwickelung auf die Bildung größerer Ar-
menverbände, da die kleinen zu leistungsunfähig sind. Je größer
aber der Armenverband ist, desto mehr wird die sittliche Einwirkung
erschwert. Da steht die kirchliche Armenpflege ungleich günstiger.
Hier ist das sittliche Band zwischen den Unterstützenden und den
Unterstützten in der Zugehörigkeit zur Kirchengemeinde gegeben; hier
steht die Armenpflege in directester Verbindung mit den heilenden
Kräften, die aus dem Worte Gottes fließen, die in dem die Gemeinde erfüllenden christlichen Leben vorhanden sind; hier wird sie
geübt in Verbindung mit der Seelsorge und kann daher in viel
höherm Maße heilend wirken, auch nach der Seite die öffentliche
Armenpflege ergänzend.

Endlich weise ich noch auf Eins hin. Die öffentliche Armenpflege ist ihrer Natur nach, eben weil sie aufs Gesetz gegründet,
gesetzlich normirt ist, immer in Gefahr zu veräußerlichen, in ihrer
Verwaltung büreaukratisch, in ihrer Ausführung schablonenhaft zu
werden. Da ist es von der größten Bedeutung, daß ihr in der
kirchlichen Armenpflege eine Armenpflege zur Seite tritt, die, wenn
sie anders in lebendiger Uebung steht, durch ihr bloßes Dasein auf
die tiefste Wurzel aller Armenpflege, auf deren höchste Ziele und
die Kräfte, die zur Erreichung dieser Ziele in Wirksamkeit treten
müssen, hinweist und so belebend und vertiefend auf die öffentliche
Armenpflege einwirkt.

Hat sich uns im Vorstehenden ergeben, daß die bürgerliche
Armenpflege der Ergänzung durch die freiwillige bedarf, und daß
gerade die kirchliche Armenpflege ihrer eigenthümlichen Art nach
besonders geeignet ist, diese Ergänzung zu bieten, so haben wir
damit auch die Voraussetzungen gewonnen, aus denen das Verhältniß der kirchlichen und bürgerlichen Armenpflege zu einander genauer zu bestimmen ist. Die kirchliche Armenpflege kann die bürgerliche nur ergänzen, wenn sie ihr einerseits völlig selbständig zur
Seite steht und doch anderseits unbeschadet ihrer Selbständigkeit
mit ihr Hand in Hand geht.

Jede Vermischung und Verquickung beider Arten von Armenpflege ist von Uebel und muß in ihren Consequenzen beiden zum

Schaden gereichen, indem sie beide hindert, sich folgerichtig ihrer Natur und Art nach auszuwirken. Sie verleitet die bürgerliche Armenpflege, ihre Grenzen zu überschreiten und Aufgaben zu übernehmen, denen sie ihrer Natur nach, als Zwangsarmenpflege, nicht gewachsen ist. Sie läßt eine nach streng kirchlichen Grundsätzen ausgebildete Armenpflege nicht aufkommen und beraubt die Kirchengemeinde des Segens, der in einer solchen liegt. Nur wenn die kirchliche Armenpflege unvermischt mit der bürgerlichen ganz selbständig arbeitet, kann sie sich frei in ihrer Eigenthümlichkeit entfalten und die in ihr liegenden besonderen Kräfte zur Bethätigung bringen.

Damit will ich nicht sagen, daß man nun überall da, wo noch eine gemischt bürgerlich-kirchliche Armenpflege besteht, diese so schnell wie möglich beseitigen müßte. Das geht nicht so schnell, denn man hat es mit Bildungen zu thun, die historisch geworden sind und tiefe Wurzeln in der Geschichte des bürgerlichen wie des kirchlichen Gemeinwesens haben. Ich verkenne auch gar nicht, daß diese bürgerlich-kirchliche Armenpflege ihre Vorzüge gehabt hat und theilweise noch hat. Die Sächsische Armenordnung von 1840 ist eine der besten in Deutschland, und in manchen unserer Städte leistet diese gemischte Armenpflege Treffliches. Durch ein stürmisches Vorgehen könnte man leicht Gutes zerstören, ehe man Besseres an die Stelle zu setzen vermag. Aber wohl ist die Herstellung einer selbständigen kirchlichen Armenpflege neben der ebenso selbständigen bürgerlichen als Ziel ins Auge zu fassen und kräftig zu verfolgen. Auch da, wo die gemischte Armenpflege einstweilen noch fortbestehen bleibt, ist es recht wohl möglich, mit einer selbständigen kirchlichen Armenpflege den Anfang zu machen, und je kräftiger diese sich entwickelt, desto eher wird sich aus der Erfahrung die Ueberzeugung Bahn brechen, daß auch der bürgerlichen Armenpflege viel mehr mit einer selbständig neben ihr stehenden, kräftig entwickelten kirchlichen Armenpflege gedient ist, als mit einer solchen Verquickung von zwei verschiedenen Arten von Armenpflege. In der That bestehen denn auch da, wo die Armenpflege noch gemischt bürgerlich-kirchlich ist, bereits hoffnungsvolle Anfänge einer selbständigen kirchlichen Armenpflege. In Sachsen z. B., daß ich diese Landeskirche wieder als Beispiel heranziehe, findet sich, trotz der Armenordnung von 1840, und nachdem dort die zweite Kammer die in den Entwurf der Kirchenvorstands- und Synodal-Ordnung aufgenommene Bestimmung betr. die Thätigkeit der Kirchenvorstände in der Armen- und Krankenpflege aus Besorgniß vor Collisionen mit der staatlich geordneten Armenpflege abgelehnt hat, bereits bei vielen Kirchenvorständen eine rege Arbeit auf diesem Gebiete. Vielfach sind ihnen die kirchlichen Armenmittel auf dem Wege gütlicher Vereinbarung wieder überlassen, und die Stiftungen für kirchliche Armenpflege haben sich gemehrt.

Die Besorgniß, welche die zweite Sächsische Kammer bewog, die Bestimmung der Kirchenvorstands-Ordnung, nach der zum Wirkungskreise des Kirchenvorstandes auch die kirchliche Armenpflege gehören sollte, abzulehnen, ist auch sonst verbreitet. Man fürchtet, die kirchliche Armenpflege könnte der bürgerlichen so zu sagen Concurrenz machen und sie durchkreuzen. Daß das möglich ist, leugne ich nicht, aber wirklich geschehen wird es doch nur dann, wenn der Kirchenvorstand die Aufgabe der kirchlichen Armenpflege verkennt, wenn er nicht beachtet, was das Darmstädter Oberconsistorium in der trefflichen Bekanntmachung über die kirchliche Armenpflege vom 13. October 1879 klar und bestimmt mit den Worten heraushebt: „Die kirchliche Armenpflege hat ihr eigenes Gebiet, das sie festhalten muß, wenn sie ihren kirchlichen Charakter wahren und ihre hohe und schwere Aufgabe erfüllen will". Von einer Concurrenz kann hier gar nicht die Rede sein, denn die kirchliche Armenpflege soll nicht thun, was der bürgerlichen zu thun obliegt, sie soll gerade das thun, was diese ihrer Natur nach nicht thun kann. Sie hat den großen Vortheil, daß sie die bürgerliche Armenpflege voraussetzen darf, also die Gewißheit, daß keinem Bedürftigen das Nothwendige fehlt. So kann sie ganz frei auswählen, wen sie unterstützen will, und ebenso frei ist sie in der Art und dem Maße der Unterstützung. Als Regel gilt: Wer von der bürgerlichen Armenpflege unterstützt wird, ist nicht Gegenstand der kirchlichen Armenpflege, womit freilich nicht ausgeschlossen ist, daß auch solchen bei besonderer Gelegenheit, z. B. zu Weihnachten zur Erhöhung der Festfreude, eine Gabe gereicht wird. Die kirchliche Armenpflege darf die bürgerliche nicht stören und durchkreuzen. Sie darf namentlich nicht durch ihre Unterstützung solchen Bedürftigen, die ihren Unterstützungswohnsitz nicht in der Gemeinde haben, den Aufenthalt in derselben ermöglichen, bis sie den Unterstützungswohnsitz erlangen.

Sie würde dadurch der Gemeinde eine Last aufbürden, indem sie durch ihr Verfahren eine Verschiebung der Armenlast bewirkt, deren Tragweite in dem Augenblick noch gar nicht zu übersehen ist. Daß die kirchliche Armenpflege in diesem Stücke hie und da gefehlt hat, hat wesentlich dazu beigetragen, in den Kreisen, denen die bürgerliche Armenpflege obliegt, ein Vorurtheil gegen die kirchliche hervorzurufen.

Die eigentliche Aufgabe der kirchlichen Armenpflege wird in einigen Kirchenordnungen rc. richtig so bezeichnet, daß sie sich der „geistlichen und leiblichen Noth" anzunehmen hat, oder wie der schon erwähnte Erlaß des Darmstädter Oberconsistoriums es ausdrückt, sie geht darauf aus „die geistliche Armuth" zu heben. Für sie ist die materielle Unterstützung immer nur Mittel, ein höheres Ziel zu erreichen, die religiös-sittliche Besserung und Förderung der Unterstützten. Wer es beharrlich und dauernd ablehnt, sich in seinem religiös-sittlichen Leben fördern zu lassen, mit dem hat die kirchliche Armenpflege nichts zu thun, der ist der bürgerlichen Armenpflege zu überlassen. Die kirchliche Armenpflege hat (ich gebrauche wieder Worte des Darmstädter Oberconsistoriums) da einzutreten, wo die bürgerliche nicht hinreicht oder nicht ausreicht. Sie hat daher besonders prophylactisch zu wirken, sich derer anzunehmen, die im Sinne des Armengesetzes noch nicht bedürftig sind, aber in Gefahr stehen, es zu werden, um sie gerade davor zu bewahren, daß sie nicht der bürgerlichen Armenpflege anheimfallen. Sie muß darauf ausgehen, die sittliche Kraft der Armen zu stärken und ihnen beistehen, daß sie sich aus der Noth selbst herausarbeiten, oder wenn das nicht möglich ist, sie in Geduld als wahrhaft christliche Arme tragen. Sie hat diejenigen zu unterstützen, die sich aus ehrenwerthen Gründen scheuen, um öffentliche Armenunterstützung nachzusuchen, die verschämten Armen. Als allgemeine Regel darf gelten: Je mehr bei einem Nothfall das religiös-sittliche Moment hervortritt, je mehr es sich nicht bloß um materielle Unterstützung handelt, sondern um religiös-sittliche Bewahrung und Besserung, desto mehr eignet sich der Fall für das Eingreifen der kirchlichen Armenpflege. Deshalb sind Kinder, Waisen, Wittwen, Kranke, Sieche, Verwahrloste und sittlich Gefährdete, entlassene Strafgefangene in erster Linie Gegenstand der kirchlichen Armenpflege, wie denn auch die meisten Kirchenordnungen der neueren Zeit neben der Armen- und

Krankenpflege die Fürsorge für Verwahrloste und entlassene Ge=
fangene ganz besonders als zum Wirkungskreise des Kirchenvorstandes gehörig hervorheben. Wo die kirchliche Armenpflege so sich
auf ihr eigenes Gebiet beschränkt und ihren kirchlichen Charakter
wahrt, da wird jede falsche und gefährliche Concurrenz mit der bürgerlichen Armenpflege, jedes Durchkreuzen derselben vermieden.

Aber freilich, das muß auch gefordert werden, die kirchliche
Armenpflege darf sich nicht isoliren, sie muß mit der bürgerlichen
Armenpflege einerseits und mit der Privatwohlthätigkeit andererseits
Hand in Hand gehen.

Die ebenso wichtige wie schwierige Frage nach der Verbindung
der öffentlichen Zwangsarmenpflege mit der freiwilligen, zu der ja
auch die kirchliche gehört, ist neuerdings viel besprochen. Ist die
Aufgabe der Armenpflege nur durch gemeinsame Arbeit der öffent=
lichen und der freiwilligen Armenpflege zu erfüllen, so ist es für
die weitere Entwickelung der deutschen Armenpflege von der höchsten
Bedeutung, beide in der richtigen Weise mit einander in Verbindung
zu setzen. Auch der Verein für Armenpflege und Wohlthätigkeit
hat die Frage in richtiger Würdigung ihrer hohen Bedeutung in
den Kreis seiner Verhandlungen gezogen[1]), ohne bisher zu einem
klaren und sicheren Ergebniß gekommen zu sein. Der thatsäch=
liche Bestand bewegt sich zwischen beiden Extremen: Gar keine
Verbindung, jede, die öffentliche wie die freiwillige Armenpflege,
thut was sie will und kann, ohne nach der andern zu fragen, oder
völlige Concentration, sei es auf Grund erlassener Verordnungen,
wie z. B. in Lübeck und Hamburg, oder auf Grund freier Verein-
barungen, wie z. B. in Dresden und Breslau[2]). In Lübeck ist
eine Centralarmendeputation errichtet, deren Aufsicht alle Wohlthä-
tigkeitsanstalten unterstellt sind, und der sie über ihre Thätigkeit zu
berichten haben. Ihr reichen sie die Namenlisten der Unterstützten
ein, und die Centralarmendeputation fertigt daraus ein General-
verzeichniß, das den Vorstehern und Verwaltern der Wohlthätig=

---

1) Vrgl. Schriften des deutschen Vereins für Armenpflege und Wohlthätig=
keit, 14. Heft, Die Verbindung der öffentlichen u. Privat=Armenpflege, Leipzig 1891.

2) Die betreffenden Schriftstücke finden sich in dem in der vorigen Anm.
genannten Hefte als Anhang zu den Referaten von Münsterberg und Roth-
fels abgedruckt.

keitsanstalten zur Einsicht offen liegt. In Dresden ist ein Anschluß sämmtlicher Wohlthätigkeitsvereine an die amtliche Armenpflege durchgeführt. Das betr. Statut bestimmt nicht nur, daß alle Unterstützungen bei dem Armenamte monatlich angezeigt werden müssen, sondern auch, daß die einzelnen Vereine verpflichtet sind, alle bei ihnen eingebrachten Unterstützungsgesuche dem Armenamt zur Vorprüfung zu übergeben. Nicht so weit geht die in Breslau über das Zusammenwirken der kommunalen, kirchlichen, Stiftungs- und Vereinsarmenpflege getroffene Vereinbarung. Hier ist zwar auch eine Centralstelle geschaffen, aber die Verpflichtung zur Anzeige der gewährten Unterstützungen schließt doch ausdrücklich die verschämten Armen aus. Die in Preußen geltende gesetzliche Bestimmung hält sich in der Mitte beider Extreme. Das Gesetz, betr. Ausführung des Reichsgesetzes über den Unterstützungswohnsitz vom 8. März 1871[1]), legt allen Vorstehern von Corporationen und andern juristischen Personen (also auch den Kirchenvorständen) die Verpflichtung auf, „den Gemeindebehörden auf deren Erfordern Auskunft über den Betrag der Unterstützungen zu ertheilen, welche einem Hülfsbedürftigen des Gemeindebezirks aus den unter ihrer Verwaltung stehenden, einem Zwecke der Wohlthätigkeit gewidmeten Fonds gewährt werden". Ebenso sind die Bestimmungen in einigen andern deutschen Staaten, wie z. B. Württemberg, Anhalt u. a.[2]).

Meinerseits muß ich die beiden Extreme ablehnen. Besteht gar keine Verbindung zwischen der öffentlichen und der freiwilligen Armenpflege, so ist allerlei Mißbrauch Seitens unverschämter Armen Thür und Thor geöffnet, und weder die bürgerliche noch die freiwillige Armenpflege kann in der Isolirung von der andern so kräftig wirken, wie das beim Zusammenschluß möglich ist. Aber eine Concentration der gesammten Armenpflege in einer Centralstelle, sei diese nun eine gesetzlich geordnete oder eine durch freie Vereinbarung geschaffene, müßte gerade für die kirchliche Armenpflege schädigend, fast möchte ich sagen tödlich wirken. Zu ihrem Charakter gehört ein großes Maß von Discretion, da sie es vorwiegend mit verschämten Armen zu thun hat. Ihr Handeln würde dadurch

---

1) Rocholl, System des deutschen Armenpflegerechts (Berlin 1883) Anhang S. 48.
2) Rocholl, a. a. O. S. 335. 139.

(und keine Cautelen könnten das ganz verhindern) mehr oder minder an die Oeffentlichkeit gezogen, das verträgt sie nicht, ihr Element ist die Verborgenheit und Stille. Dem widerstreitet die Preußische Bestimmung nicht, nach der auf Erfordern Auskunft gegeben werden muß, wenigstens nicht, so lange mit dieser Bestimmung kein Miß= brauch getrieben wird. Denn die bürgerliche Armenpflege hat nur Anlaß, über Jemanden Auskunft zu erfordern, wenn der Betreffende bei ihr Unterstützung nachgesucht hat, dann aber gehört er nicht mehr zu den verschämten Armen. Bedenklich ist es aber schon, wenn, wie in Lübeck, die Leiter der kirchlichen Armenpflege gehalten sind, eine Liste sämmtlicher Unterstützten einzureichen, oder wenn gar, wie in Dresden[1]) ihr Handeln von einer Voruntersuchung des Falls durch die Centralstelle abhängig gemacht wird. Auf diesem Wege würde die kirchliche Armenpflege nothwendig nur ein Appendix der bürgerlichen werden, und damit ginge ihre Selbständigkeit, mit dieser zugleich ihr Segen verloren. Also die kirchliche Armenpflege muß mit der bürgerlichen Hand in Hand gehen, aber ohne ihre Selbständigkeit aufzugeben. Wie die Verbindung zwischen beiden herzustellen ist, darüber lassen sich keine allgemeine Regeln aufstellen. Dabei kommen die Verhältnisse der einzelnen Gemeinden in Betracht. Die Verbindung wird sich anders gestalten in großen, anders in kleinen Gemeinden, anders wo Kirchengemeinde und bürgerliche Gemeinde sich im Wesentlichen decken, anders wo die bürgerliche Gemeinde aus Gliedern verschiedener Confessionen besteht. Nur das läßt sich sagen, es liegt im beiderseitigen Interesse, die Verbindung zu suchen und zu pflegen, und die Verbindung wird um so fester und fruchtbarer sein, je weniger sie in Paragraphen gefaßt und büreaukratisch reglementirt ist. In dem starken Hindrängen auf eine solche Verbindung, die manche am liebsten gleich durch ein Staatsgesetz herstellen möchten, liegt auch eine Gefahr für die kirch= liche Armenpflege, die man wohl thun wird zeitig zu beachten, der man aber die Spitze am besten dadurch abbricht, daß man eine solche Verbindung in freier Weise erstrebt.

---

1) Ueber Dresden vgl. auch Böhmert, Die Armenpflege (Gotha 1890) S. 78 ff.

III. Die kirchliche Armenpflege und die freie Liebesthätigkeit.

Um die Bedeutung der kirchlichen Armenpflege in der Gegenwart richtig zu würdigen, werden wir jetzt den Blick noch nach der andern Seite richten und auch ihr Verhältniß zur freien Liebesthätigkeit ins Auge fassen müssen. Dabei denke ich jedoch nicht in erster Linie an die Privatwohlthätigkeit im eigentlichen Sinne, ich meine an die von den einzelnen Gliedern der Gemeinde als solchen geübte Wohlthätigkeit. Nicht als ob ich der eine geringe Bedeutung zuschriebe. Im Gegentheil, in ihr liegt so zu sagen die nicht an die Oberfläche kommende Wurzel der gesammten Liebesthätigkeit. Nur wo der Einzelne in völlig freier Weise dem Triebe seines Herzens folgend seine Nächstenliebe persönlich bethätigt, wird es auch zur gemeinsamen Arbeit in freien Vereinen oder in der Gemeinde kommen, und das Absterben der Privatwohlthätigkeit wird nothwendig auch ein Absterben aller übrigen Liebesthätigkeit zur Folge haben. Es kann nichts verkehrteres geben, als dem Einzelnen diese Privatwohlthätigkeit untersagen oder ihn darin beengen zu wollen. Auch die nicht wegzuleugnende Thatsache, daß die Privatwohlthätigkeit vielfach fehlgreift, ja durch unbedachtes Geben geradezu Schaden anrichtet, kann dazu nicht berechtigen. Aus dieser Thatsache ergiebt sich vielmehr nur die Pflicht, den Einzelnen zur rechten Wohlthätigkeitsübung zu erziehen. In wiefern die kirchliche Armenpflege auch dazu mithelfen kann, davon wird später noch die Rede sein. Für jetzt kommt die Wohlthätigkeit der einzelnen Gemeindeglieder deshalb nicht in erster Linie in Betracht, weil sie ihrer Natur und Art nach weniger in die Oeffentlichkeit tritt und deshalb die kirchliche Armenpflege nicht so direct nöthigt, zu ihr Stellung zu nehmen. In erster Linie denke ich vielmehr an die freie Liebesthätigkeit, die in Vereinen und Anstalten geübt wird, also an Alles das, was wir unter dem Sammelnamen der Innern Mission zu begreifen pflegen. Damit berühre ich denn eine Frage, die man wohl als eine brennende bezeichnen darf, die Frage nach dem Verhältniß der Innern Mission zur Kirche, die Frage, um sie gleich bestimmt zu formuliren: Soll die Innere Mission ihre bisherige Selbständigkeit neben der Kirche behalten? oder soll sie dem kirchlichen Organismus eingegliedert werden?¹) Auch die richtige Lösung dieser Frage wird, wie ich glaube, gegeben sein, wenn es gelingt eine kräftige kirchliche Armenpflege einzurichten.

Zum Verständniß sowohl der Frage als ihrer Lösung wird es nöthig sein, auf die Geschichte der Innern Mission einzugehen.

Die Geschichte der Innern Mission läßt sich bis zur Gegenwart in drei Perioden eintheilen, die Zeit der Vorbereitung, die Zeit des Schaffens und die Zeit der Auswirkung. Gegenwärtig stehen wir meiner Ansicht nach bereits auf dem Uebergange zu einer vierten Periode, der Zeit der Auflösung. Es wird sich später zeigen, was ich damit meine. Die Grenzen der einzelnen Perioden ergeben sich daraus, daß ich unter der zweiten die Zeit der großen schöpferischen Persönlichkeiten begreife, von denen vor Allen Fliedner, Wichern und Löhe genannt werden mögen, also die Jahre etwa von 1835 bis 1865. Ihrer Arbeit geht eine Zeit der Vorbereitung voraus, deren einzelne Fäden bis ins vorige Jahrhundert zurückreichen, die ich aber doch wesentlich mit der Zeit der christlichen Erweckung nach den Freiheitskriegen zusammenfallen lassen möchte.

Das im Anfang unseres Jahrhunderts wiedererwachende christliche Leben trägt vorwiegend pietistischen Charakter. Der moderne Pietismus, den Ruhm müssen wir ihm lassen, auch wenn wir jetzt über ihn hinaus geschritten sind und unser Christenleben nach manchen Seiten hin ein gesunderes geworden ist, bildet den Mutterboden, auf dem die Innere Mission erwachsen ist. Wir werden daher, um die Erscheinung der Innern Mission geschichtlich zu verstehen, an den Pietismus des 18. Jahrhunderts anknüpfen müssen. Aber das allein genügt noch nicht. Vielmehr müssen wir noch einen zweiten Faden aufsuchen, der von der Aufklärung des vorigen Jahrhunderts herüberkommt und sich mit jenem verwebt. Der große Gedanke der Humanität, den herausgearbeitet zu haben das bleibende Verdienst der Aufklärung ist, verbindet sich mit der aus

---

1) Vgl. über diese Verhandlungen: Schäfer, Diakonik (in Zöcklers Handbuch der theol. Wissenschaften). — Achelis, Prakt. Theologie Bd. II und den trefflichen Aufsatz von H. H. Wendt, das Verhältniß der innern Mission zur kirchlichen Organisation, in der Zeitschr. f. Theol. u. Kirche II, 2, 1892, S. 146 ff., den ich im Folgenden mehrfach benutzt habe.

dem Pietismus stammenden christlichen Wärme und Energie, und aus der Verbindung beider wird die Innere Mission geboren.

Der Pietismus des 18. Jahrhunderts bezeichnet die Wendung zum praktischen Christenthum. August Hermann Francke ist die leitende Persönlichkeit und sein Waisenhaus in Halle das bleibende Denkmal dieser Wendung. Dennoch bringt es der Hallesche Pietismus nicht zu einer Wiederbelebung der Liebesthätigkeit in großem Maßstabe. Einerseits war die Zeit dazu noch nicht reif, andererseits liegt es daran, daß die pietistische Frömmigkeit zu eng, zu individualistisch ist. Sie ergreift das Volk nicht, bleibt auf enge Kreise, vorwiegend in den höhern Ständen, beschränkt. Nur in Württemberg bringt der Pietismus tiefer in die bürgerlichen und bäuerlichen Kreise ein, hier kann man von einer pietistisch gerichteten Landeskirche reden. Deshalb hält er sich hier auch länger, während er in Norddeutschland überraschend schnell in eine gemäßigte Orthodoxie, dann in Aufklärung und Rationalismus übergeht. Von Württemberg gehen denn auch die Anregungen aus, die in unserem Jahrhundert zu einer neuen Erweckung des christlichen Lebens und zu der unsere Zeit erfüllenden Liebesthätigkeit geführt haben. Als Anfang und als Ausgang derselben kann man die Stiftung der Christenthumsgesellschaft in Basel durch den jüngeren Urlsperger, einen Württemberger, bezeichnen. Es ist das erste Mal, daß der Versuch gemacht wird, das christliche Leben und die Liebesthätigkeit durch einen Verein Gleichgesinnter zu fördern. Die Form für die Liebesthätigkeit unseres Jahrhunderts ist gefunden, der freie Verein. Zunächst beginnt man, von England angeregt, mit der Bibel-Verbreitung und der Heidenmission. Dann taucht der Gedanke auf, daß es doch unvereinbar sei, für die Bekehrung der Heiden zu sorgen und sich um die Verwahrlosten in der Heimath nicht zu kümmern. Es ist der Gedanke, der der Innern Mission zu Grunde liegt. Im Jahre 1820 eröffnet Zeller das Rettungshaus in Beuggen, die Musteranstalt, nach deren Vorbilde bald in Württemberg eine ganze Anzahl ähnlicher Anstalten gegründet wird. Gerade in Zeller reichen sich Pietismus und Aufklärung die Hand. Was Pestalozzi erstrebte, aber auf dem Boden und mit den Kräften der Aufklärung nicht zu verwirklichen vermochte, in Beuggen wird es verwirklicht. Der Pietismus hat sich die Idee der Aufklärung angeeignet, um sie auf dem Boden und mit den Kräften eines lebendigen und warmen Christenthums im Kreise eines Vereins Gleichgesinnter allseitiger und vollkommener zur Verwirklichung zu bringen, als es die Aufklärung mit aller ihrer schwärmerischer Begeisterung für diese Idee vermochte.

In Norddeutschland kamen noch andere Faktoren hinzu. Hier fehlt es zwar auch nicht ganz an den pietistischen Kreisen, die im Süden die Hauptträger der Bewegung waren, aber sie haben doch bei weitem nicht den Einfluß wie dort. Neben ihnen zeigt sich eine Strömung, die ohne vom Pietismus abhängig zu sein, direct von der Aufklärung zu einem lebendigen Christenthum hinüberleitet, nicht ohne aus der Aufklärung manche Antriebe mit herüberzunehmen. Ich erinnere nur an Johannes Falk, an Arndt und den Freiherrn von Stein. Dazu kommt der Einfluß, den Kant und Fichte ausgeübt haben, die unser Volk wieder lehrten, im Bewußtsein der Pflicht mit der Erfüllung der Lebensaufgabe vollen Ernst zu machen. Endlich die Zucht der schweren Zeit der Napoleonischen Herrschaft, die Norddeutschland ungleich härter empfunden hat als der Süden, und der erweckende Einfluß der Freiheitskriege. So bekommt im Norden die wiedererwachende Liebesthätigkeit von vorn herein einen volksthümlichen, patriotischen Zug; sie ist nicht so individualistisch, wie die pietistische in Süddeutschland, sie richtet sich nicht bloß auf den Einzelnen, sondern faßt das Volk als Ganzes ins Auge.

Bis in den Anfang der dreißiger Jahre kann man noch nicht sagen, daß die wiedererwachende Liebesthätigkeit etwas Neues geschaffen habe. Sie bewegt sich noch ganz in den Bahnen, die schon der alte Pietismus eingeschlagen hatte. Bibeln, Tractate und Erbauungsbücher werden verbreitet, zahlreiche Rettungshäuser gegründet. Erst die dreißiger Jahre bringen etwas ganz Neues, die Gründung von Anstalten zur Ausbildung von Berufsarbeitern und Arbeiterinnen für die Liebesthätigkeit. Die hatte unsere Kirche bis dahin nicht gehabt, und doch waren sie unentbehrlich, wenn die Liebesthätigkeit über das frühere Maß hinauswachsen sollte. Die Gründung des Rauhen Hauses in Horn bei Hamburg 1833, das von Anfang an nicht bloß als Rettungshaus gedacht war, sondern als Brüderanstalt zur Ausbildung von Diakonen, und die Gründung des ersten Diakonissenhauses in Kaiserswerth sind die epochemachenden Ereignisse auf dem Gebiet der Liebesthätigkeit in unserm Jahrhundert.

So sind schon im Anfang der vierziger Jahre alle Elemente der Innern Mission vorhanden, ja man kann sagen, die Innere Mission selbst ist schon da. Auch der Name fehlt nicht. Gerade jetzt vor 50 Jahren hat ihn Lücke in einer 1842 gehaltenen Ansprache zum ersten Male, wenn auch noch in etwas anderer Bedeutung gebraucht. Aber in gewissem Sinne ist doch erst das Revolutionsjahr 1848 das eigentliche Geburtsjahr der Innern Mission. Die Noth des Volkes war offenbar geworden, um Wicherns Worte zu gebrauchen, „wie ein durch einen Wetterstrahl plötzlich enthüllter Abgrund". Mit Macht drängte sich die Frage auf: Wie gewinnt man die Massen des Volks dem Christenthum und der Kirche wieder? Die Antwort soll die Innere Mission geben, denn das ist Wicherns ursprünglicher Begriff der Innern Mission, wie er ihn in seiner Denkschrift darlegt: „Die Innere Mission ist die gesammte Arbeit der aus dem Glauben an Christum geborenen Liebe, welche diejenigen Massen in der Christenheit innerlich und äußerlich erneuern will, die der Macht und Herrschaft des aus der Sünde direct oder indirect entspringenden mannigfaltigen inneren und äußeren Verderbens anheimgefallen sind, ohne daß sie so, wie es zu ihrer christlichen Erneuerung nöthig wäre, von den jedesmaligen geordneten kirchlichen Aemtern erreicht werden". Getrieben werden soll die Arbeit, abgesehen von der persönlichen Arbeit Einzelner, von freien Vereinen in den einzelnen Gemeinden, die sich dann zu Provinzialvereinen und zuletzt zu einem allgemeinen Missionsverein zusammenschließen.

Mit dem Wittenberger Kirchentage beginnt nun ein Regen und Schaffen auf dem Gebiete der Liebesthätigkeit, wie es keine frühere Zeit unserer Kirche gesehen hat. Eine Landeskirche nach der andern tritt in die Arbeit mit ein, ein Arbeitsgebiet nach dem andern wird in Angriff genommen, und immer enger werden die Maschen des Netzes von Vereinen und Anstalten zur Bekämpfung der geistlichen und leiblichen Noth, das die deutsche evangelische Christenheit überzieht. Immer zahlreicher werden auch die Schaaren der Arbeiter und Arbeiterinnen, welche aus den sich mehrenden Diakonen- und Diakonissenhäusern hervorgehen. Mit der wachsenden Noth wächst auch die Liebesarbeit und mit der Liebesarbeit die Zahl der Arbeiter. Es ist die schöpferische Periode der Innern Mission, die bis in unsere Tage hereinreicht, denn auch in unseren Tagen sind nicht bloß schon begonnene Arbeiten erweitert, es sind auch neue begonnen. Ich erinnere nur an Pastor von Bodelschwingh, den einzigen unter den heutigen Arbeitern der Innern Mission, den man den schöpferischen Männern der dreißiger und vierziger Jahre an die Seite stellen kann, an die Arbeitercolonien, die Verpflegungsstationen, die Seemannsmission u. a. m. Aber im Ganzen ist doch die schöpferische Periode der Innern Mission mit dem Heimgange Fliedners, Wicherns, Löhes, der Väter der Innern Mission, zu Ende, und eine neue Zeit hat begonnen.

Um sie zu charakterisiren muß ich etwas genauer in die Entwickelung der Innern Mission seit Wichern eingehen. Sie hat sich doch, so weit Wicherns und seiner Zeitgenossen kühnste Hoffnungen bezüglich der Ausdehnung und des Umfangs der Innern Mission von der Wirklichkeit überflügelt sind, in manchen Stücken anders gestaltet, als Wichern es sich vorstellte. Es handelt sich um die Stellung der Innern Mission zur Kirche, ihr Verhältniß zu den humanitären Bestrebungen, zum Staate und dessen Thätigkeit auf dem Gebiete, welches Wichern noch ganz für die Innere Mission in Anspruch nahm, um die ungleich größeren Anforderungen, welche die inzwischen zur alles beherrschenden Frage des Jahrhunderts gewordene sociale Frage stellt, ja im letzten Grunde um die Idee der Innern Mission selbst.

Wicherns Stellung zur Kirche war eine unklare. Das soll kein Vorwurf sein. Es konnte nicht anders sein, die Herkunft der Innern Mission aus dem Pietismus macht sich darin geltend. So oft es Wichern auch betont, daß die Innere Mission für die Kirche arbeiten soll, in Wirklichkeit ist ihm die Innere Mission doch eine Organisation, die sich in die organisirte Kirche einschiebt, eine Kirche neben der Kirche oder höchstens in der Kirche, die nicht nur der Kirche ihre tüchtigsten Glieder entzieht, sondern auch Thätigkeiten an sich reißt, die prinzipiell der Kirche zukommen. Soll doch selbst der Pastor, wenn er in den Werken der Innern Mission thätig wird, dies nicht als Pastor kraft seines Amts thun, sondern nur als einfacher Christ. Dagegen wurde von streng kirchlicher Seite Widerspruch erhoben, und man wird nicht umhin können, diesen Widerspruch als relativ berechtigt anzuerkennen, wie er denn auch auf die weitere Entwickelung der Innern Mission segensreich eingewirkt hat. Aber der Widerspruch ging entschieden zu weit. Er entstammte einem zu engen, in gewissem Sinne katholisirenden Kirchenbegriff. Denn katholisirend ist es, die Organe der Kirche als allein für die Arbeit am Gottesreich legitimirt anzusehen und zu fordern, jede Arbeit der Art müsse in dem Sinne verkirchlicht werden, daß sie der Leitung der kirchlichen Organe unterstellt wird. Zwar die Werke der Innern Mission erkannte man auch auf dieser Seite als zum großen Theil gut und heilsam an, aber man verlangte, daß die Organe der Kirche sie übernähmen und bezeichnete die Innere Mission geradezu als ein Schlinggewächs am Baume der Kirche. Aber wie, wenn nun die Organe der Kirche die Arbeit nicht übernehmen? wenn die Kirche keine Organe dafür hat (übersehen wir das nicht, Kirchenvorstände und Synoden gab es damals noch nicht) oder die vorhandenen Organe der Arbeit nicht gewachsen sind? was dann? Darauf antworten die Gegner: dann muß die Arbeit ungethan bleiben, während Wichern und die Freunde der Innern Mission antworten: dann hat jeder lebendige Christ das Recht und die Pflicht, zuzugreifen und zu helfen, so viel er kann, dann dienen die freien Vereine der Kirche, indem sie unternehmen, was die Kirche mit ihren Organen zu unternehmen nicht im Stande ist. So weit haben die Freunde der Innern Mission unzweifelhaft Recht. Wie der menschliche Körper, wenn einzelne seiner Organe nicht genügend funktioniren, sich Nothorgane schafft, so die Kirche auch. Die freien Vereine der Innern Mission sind solche Nothorgane. Es wäre Unrecht, wollte die Kirche die ihr von diesen gebotene Hülfe ablehnen, denn der Zweck soll ihr höher stehen als die Mittel. Andererseits dürfen aber diese Nothorgane auch nicht mehr sein wollen als was sie sind, sie dürfen nicht selbständige und bleibende sein wollen. Die Kirche muß mit allen Kräften dahin streben, die Nothorgane überflüssig zu machen, indem sie selbst die Arbeit übernimmt, die ihr grundsätzlich zukommt. Sonst würden die Nothorgane zuletzt zersetzend auf das kirchliche Leben wirken.

In der That hat sich denn auch das Verhältniß der Innern Mission zur Kirche wesentlich anders gestaltet, als es zu Wicherns Zeit war. Ueberall hat sich eine Annäherung der Innern Mission an die Kirche und der Kirche an die Innere Mission vollzogen. Sowohl die Kirchenregierungen als die Vertretungen der Kirche in den Kirchenvorständen und Synoden stehen der Innern Mission freundlich gegenüber, schützen und fördern sie, weil sie ihre Dienste dankbar anerkennen. Vielfach läßt sich auch bereits das Streben wahrnehmen, die Arbeit der Innern Mission der Kirche einzugliedern. Fast sämmtliche deutsche evangelische Kirchen haben sich Organe geschaffen, die sie zur Zeit des Entstehens der Innern Mission noch nicht besaßen, Kirchenvorstände, Gemeindekirchenräthe, Presbyterien, Bezirks- oder Kreissynoden und Landessynoden, und diese Organe haben auch bereits angefangen, einen Theil der Arbeit der Innern Mission selbst zu übernehmen oder doch mit sich in Verbindung zu setzen. Das sind freilich erst Anfänge, die wie alle Anfänge noch etwas Ungleichmäßiges, Tastendes und Unsicheres an sich haben, aber für die Zukunft Hoffnungen erwecken. Augenblicklich befinden wir uns in einem Uebergangsstadium der Innern Mission. Zwei Strömungen gehen neben einander her, deren eine auf die Bewahrung der Selbständigkeit der Innern Mission neben der Kirche, deren andere auf die Auflösung der Innern Mission in die Kirche geht. Die Zukunft der Innern Mission hängt davon ab, welche Lösung die Frage nach dem Verhältniß der Innern Mission zur Kirche finden wird.

Doch diese Frage ist nicht die einzige, die der Gegenwart und nächsten Zukunft bezüglich der Innern Mission gestellt ist. Noch nach einer andern Seite hin haben sich bedeutsame Entwickelungen vollzogen und neue Fragen gebracht. Die Idee der Innern Mission selbst ist streitig geworden, auch hier liegen zwei Strömungen mit einander im Kampfe. Während die Einen den alten Begriff der Innern Mission festhalten, diese mehr individualistisch fassen, als ihren Zweck die Rettung der Seelen betonen, betonen die andern, offenbar unter dem Einfluß der socialen Frage, mehr das sociale Element, betrachten sie wesentlich unter dem Gesichtspunkt der Humanität und suchen ihren Zweck in der Entlastung der bedrängten Massen des Volks. Beide Strömungen sind sowohl in Schriften als in den Verhandlungen auf den Vereinstagen der Innern Mission auf einander gestoßen, und Schäfer redet schon ausdrücklich von einer Krisis in der Inneren Mission.

Suchen wir auch diese Erscheinung zunächst geschichtlich zu verstehen. Zwei Faktoren sind es, wie wir sahen, die sich in der Innern Mission zusammenschließen, pietistisch gefärbtes Christenthum und Humanität. Naturgemäß tritt nun im Laufe der Entwickelung der erste Faktor zurück. Mit dem Ablauf der Erweckungszeit verliert das christliche Leben seinen gerade der Erweckungszeit eigenthümlichen pietistischen Charakter. So lange die Innere Mission Sache eines kleinen Kreises war, in gewissem Sinne pietistische Parteisache, behielten Motive und Ziele der Arbeit ihr spezifisch christliches Gepräge. Das schwächt sich aber ab, je größer die Kreise werden, die an der Arbeit theilnehmen. Es ist nicht mehr darauf zu rechnen, worauf Wichern seiner Zeit wirklich rechnete, daß jeder, der mitarbeitet, das im bewußten lebendigen Glauben thut und deshalb selbst missionirend wirkt. An die Stelle der aus dem Glauben entsprungenen Liebe treten vielfach bloße Humanitätsgedanken und dem entsprechend verschiebt sich auch die Zweckbestimmung der Innern Mission. Lag der Hauptnachdruck früher auf der Mission, der Wiedergewinnung der dem Herrn und der Kirche Entfremdeten, so wird er jetzt auf die Beseitigung von allerlei Noth gelegt. Das letztere wurde ja auch früher erstrebt, aber nur als Mittel für den Hauptzweck, jetzt wird es Selbstzweck. Dazu kommt noch eines. Gleichzeitig mit dem Aufwachsen der Innern Mission sind auch eine Menge von Werken der Humanität ins Leben gerufen, die nun theilweise der Innern Mission als Parallelen zur Seite gehen. Ich erinnere nur an die s. g. weltlichen Krankenpflegerinnen, die Schwestern vom rothen Kreuz oder wie sie heißen, an die Knabenhorte und Ferienkolonien, an die Vereine für Armenpflege und Wohlthätigkeit u. a. m. Eine vielgestaltige Liebesthätigkeit auf humaner Grundlage ist vorhanden, und man kann sich der Beobachtung nicht entziehen, daß die Werke derselben von denen der Innern Mission oft kaum zu unterscheiden sind, daß sie beide in einander übergehen. Ja, eine der merkwürdigsten Erscheinungen unserer Tage, selbst der Staat hat Motive und Zwecke in sich aufgenommen, die ursprünglich der Innern Mission angehören. Man denke nur an das Zwangserziehungsgesetz. Das ist ein Triumph der Innern Mission, oder sagen wir lieber des Christenthums. Wir wenigstens als evangelische Christen werden es so ansehen, da für uns als Ziel gilt, daß auch der Staat und die ganze menschliche Gesellschaft mehr und mehr von christlichem Geiste durchdrungen werden soll. Aber übersehen wir die Gefahr auch nicht, die darin liegt. Es ist die Gefahr, daß die Innere Mission ihren ursprünglichen Zweck in steigendem Maße aus den Augen verliert, daß die Grenze zwischen ihr und dem bloß humanitären Wirken immer fließender und unsicherer wird, und sie selbst zuletzt zu bloßer Humanität verflacht. Die Gefahr ist um so größer, als die sociale Frage auch in sofern die unsere Zeit beherrschende geworden ist, daß man in weiten Kreisen stark dazu hinneigt, auch die Arbeit der Innern Mission nur oder doch in erster Linie darnach zu beurtheilen, was sie social wirkt, und für ihre Werthschätzung die in dieser Hinsicht erreichten oder zu hoffenden Erfolge am schwersten ins Gewicht fallen.

In der That begegnen uns denn auch schon Anschauungen und Definitionen der Innern Mission, welche die eben geschilderte Wandlung bestimmt zum Ausdruck bringen. Naumann bezeichnet in einer Reihe von Artikeln der „Christlichen Welt"[1]) als den Grundgedanken der Innern Mission „die Entlastung der Bedrängten". Er redet von einer „wesenhaften Verwandtschaft der Innern Mission mit dem Socialismus", sie seien „wie Bruder und Schwester", die Zukunft der Innern Mission sei die des Socialismus; ja er definirt die Innere Mission dahin, sie sei „die Liebesthätigkeit, die zur Entlastung der Bedrängten dem Socialismus vom christlichen Standpunkte aus entgegenkommt". Naumann weiß zwar recht wohl, daß das nicht die ursprüngliche Idee der Innern Mission ist, aber er beruft sich darauf, daß die Innere Mission eine Entwickelung durchgemacht habe. Sie sei mehr und mehr Volkssache geworden, der Jüngling sei zum Manne gereift. Dem gegenüber glaubt Schubert in einem Artikel der Schäfer'schen Monatsschrift[2]) den alten ächten Begriff der Innern Mission retten zu müssen. Ihm ist die Innere Mission „die freie amtlich nicht gebundene Liebesthätigkeit der gläubigen Gemeinde, die sich wesentlich auf die Hebung des geistlichen Nothstandes richtet". Ihr Ziel ist „Seelenrettung".

Da haben wir die beiden Strömungen, von denen oben die Rede war, in scharfer Ausprägung vor uns. Der in ihnen liegende Gegensatz ist offenbar. Bei Schubert liegt der Schwerpunkt auf der religiösen, bei Naumann auf der sittlichen Seite; bei jenem ist der ganze Apparat von Vereinen und Anstalten zur Beseitigung der mannigfaltigen Nothstände nur ein Mittel, um den eigentlichen Zweck der Innern Mission, die Seelenrettung zu erreichen, bei

---

1) 1888, S. 403 ff.
2) 1889 IX, S. 156 ff.

diesem besteht das Wesen der Innern Mission gerade in der Errichtung solcher Anstalten, dadurch die Bedrängten zu entlasten ist der Zweck der Innern Mission; dort wird die Innere Mission ganz individualistisch gefaßt, es gilt die Rettung einzelner Seelen, hier ganz social, es gilt eine Aenderung der socialen Lage des Arbeiterstandes oder, wie es Naumann ausdrückt, „eine größere Gleichheit des auf Erden vorhandenen Druckes herbeizuführen". So scharf tritt der Gegensatz freilich nicht überall hervor, aber vorhanden ist er, und die Zukunft der Innern Mission hängt davon ab, welche der beiden Strömungen die Oberhand behalten wird, beziehungsweise wie sie sich ausgleichen werden. Daß das letztere geschehe, darauf beruht meiner Ansicht nach die Zukunft der Innern Mission.

Denn auf die Frage: Wer von Beiden hat Recht? muß ich antworten: Keiner! oder auch wenn man will: Beide. Beide vertreten Wahrheitsmomente, aber beide einseitig. Schubert's Auffassung der Innern Mission ist die pietistische und als solche zu eng. Der Pietismus ist individualistisch, er denkt immer nur an die Rettung einzelner Seelen, für das Volksleben als Ganzes, für das Sociale hat er kein Verständniß. Naumann's Auffassung der Innern Mission ist zu weit, sie verwischt den Unterschied zwischen den Werken der Innern Mission und den Bestrebungen einer gegen das Christenthum mehr oder weniger indifferenten Humanität. Entwickelte sich die Innere Mission in der von Schubert vorgezeichneten Richtung, so würde sie vielleicht in kleinen Kreisen Einzelnen reichen Segen bringen, aber Einfluß auf das Volksleben gewönne sie nicht. Entwickelte sie sich dagegen in der von Naumann vertretenen Richtung, so würde sie wie ein Strom in einem zu weiten Bette verflachen und sich im Sande verlaufen, sie würde mehr und mehr ihren christlichen Charakter einbüßen und so auch das Ziel einer religiös-sittlichen Erneuerung unseres Volkslebens nicht erreichen können. Gewiß Naumann hat Recht, wenn er auf die Entwickelung der Innern Mission zu einer socialen Macht hinweist. Das ist sie und soll sie noch immer mehr werden. Aber man muß es auch Schubert und den ihm Gleichgesinnten Dank wissen, wenn sie auf die Gefahren aufmerksam machen, die dabei der Innern Mission drohen, und denen gegenüber die ursprünglichen Gedanken der Innern Mission wieder bestimmt hervorkehren. Fragen wir aber jetzt: Wie kann die Innere Mission die Gefahr der Verflachung vermeiden, ohne doch wieder in pietistische Enge zu gerathen? wie kann sie ihrer socialen Aufgabe gerecht werden, ohne doch ihren ausgeprägt christlichen Charakter einzubüßen? so kann die Antwort nur lauten: durch Anschluß an die Kirche.

So kommen wir auch hier auf die Frage nach dem Verhältniß der Innern Mission zur Kirche als auf die Hauptfrage zurück. Doch ehe ich darauf weiter eingehe, möchte ich eine Zwischenbemerkung einschieben. Ich möchte es vermeiden, daß auch nur der Schein entstünde, als achtete ich die der Innern Mission verwandten Bestrebungen der Humanität gering. Das kann ich schon deshalb nicht, weil ich auch in ihnen, mögen ihre Träger es auch nicht wissen oder wohl gar geradezu ableugnen, eine Auswirkung des christlichen Geistes sehe. Ohne das Christenthum wäre diese Humanität auch nicht da. Gern erkenne ich auch an, daß diese humanitären Bestrebungen viel Gutes und Schönes geschaffen haben. Ja noch mehr räume ich ein. Ihr Vorhandensein ist unter den gegenwärtigen Verhältnissen ein Segen für die Kirche, denn es liegt darin eine kräftige Mahnung für die Kirche, in den Werken der Humanität nicht zurückzubleiben, eine Warnung vor dem Rückfall in ein Christenthum ohne Humanität. Deshalb würde es auch nicht richtig sein, Alles was nicht bewußt christlich ist, schroff abzustoßen und eine scharfe Grenze zu ziehen zwischen den Werken der Innern Mission und denen der Humanität. Es gehört zur gesunden Entwickelung beider, daß sie einander näher kommen. Auf einer Reihe von Gebieten können wir auch mit den Humanitätsleuten recht gut zusammenarbeiten. Ich erinnere nur an die so überaus wichtigen Bestrebungen zur Besserung der Wohnungsverhältnisse, an den Kampf gegen den Mißbrauch geistiger Getränke u. dgl. m. Umgekehrt können wir auch ihre Hülfe für unsere Arbeit dankend annehmen, nur daß wir unsere Arbeit mit offenem Bekenntniß auf christlichen Boden stellen und nie verleugnen, daß unsere Ziele höher liegen als bloß unsern Mitmenschen hier auf Erden ein möglichst hohes Maß von Wohlfahrt zu verschaffen, daß es uns darauf ankommt, ihnen zu helfen, ihren christlichen Beruf zu erfüllen, für dieses und jenes Leben zu werden, was sie nach Gottes Gedanken werden sollen.

Komme ich nun auf die Hauptsache zurück, so kann darüber füglich kein Zweifel bestehen, daß Innere Mission und Kirche zusammengehören. Zwar geschichtlich ist die Innere Mission neben der organisirten Kirche entstanden, nicht die Kirche hat sie durch ihre Organe ins Dasein gerufen, sondern freie Vereine. Aber die Kräfte, die in diesen Vereinen wirksam waren und sind, stammen doch aus der Kirche, und unnatürlich wäre es deshalb, wollten diese Vereine dauernd ein selbständiges Leben neben der Kirche und ohne geordneten Zusammenhang mit ihr führen, während sie doch innerlich von ihr abhängig sind und zu ihrer Thätigkeit Kräfte bedürfen, die sie nur durch Vermittelung der Kirche erhalten können. Andererseits kann auch die Kirche, nachdem einmal die Liebesthätigkeit der Innern Mission in einer Zeit, in der sie selbst zu schwach war, um solche Werke zu treiben, unabhängig von ihr entstanden ist, deshalb nicht für immer auf dieses ganze Gebiet verzichten, nicht für immer die ganze Liebesthätigkeit den freien Vereinen überlassen. Das hieße einen Zustand der Schwäche der Kirche verewigen und zum normalen erheben, und damit die Kirche einer Macht berauben, deren sie zur Ausrichtung ihres Berufes in der Welt nicht entrathen kann.

Damit will ich mich aber nicht etwa auf die Seite derer stellen, die nun eine möglichst rasche und völlige Eingliederung der Innern Mission in den Organismus der Kirche fordern und meinen, dieses Ziel dadurch zu erreichen, daß alle Anstalten und Werke der Innern Mission unter die Aufsicht und Leitung des Kirchenregiments gestellt werden. Dazu kenne ich doch die Innere Mission und ihre Lebensbedingungen zu gut und weiß auch aus Erfahrung zu gut, was das Kirchenregiment kann und was es nicht kann. Das wäre der Tod der Innern Mission und brächte der Kirche keinen Segen. Denn die Innere Mission bedarf eines großen Maßes von freier Bewegung, und selbst wenn das Kirchenregiment wollte, könnte es ihr diese Freiheit nicht lassen. Die Eingliederung der Innern Mission in die Kirche, die auch ich als das zu erstrebende Ziel ansehe, kann sich weder plötzlich vollziehen, noch kann sie von oben her beginnen. Sie kann nur das Ergebniß einer langsamen geschichtlichen Entwickelung sein, und diese Entwickelung kann nicht oben beginnen beim Kirchen= oder Synodalregiment, sondern muß unten, in der Einzelgemeinde einsetzen. Dieser Proceß hat ja auch bereits begonnen, wir sind schon, wie ich oben ausdrückte, in die Periode der Auflösung der Innern Mission, ihrer

Aufsaugung durch die Kirche eingetreten. Es würde nur störend wirken, wollte man diesen Proceß durch kirchenregimentliche und kirchengesetzliche Maßregeln unnatürlich und voreilig beschleunigen. Beide, Kirche und Innere Mission, müssen erst dafür reif werden, was sie jetzt noch nicht sind. Vergessen wir nicht das Gleichniß von der selbstwachsenden Saat. Innere Mission und Kirche müssen allmählich mit einander verwachsen, sonst wirds keiner von beiden zum Segen sein. Gewiß, das Kirchenregiment soll dieses Wachsen beachten, fördern, Hindernisse beseitigen, aber dies wird es für jetzt am besten dadurch thun, daß es möglichst viele persönliche Beziehungen zu den Arbeiten der Innern Mission sucht und diese pflegt, daß es sie schützt und unterstützt, wo es kann. Aber jede reglementarische Vorschrift, jedes Eingreifen, welches die freie Bewegung hindert, das allmählige Werden, wenn auch in der Absicht, es zu beschleunigen, stört, ist vom Uebel. Der Punkt, wo die Innere Mission in die Kirche hineinwachsen muß, liegt nicht beim Kirchenregiment, sondern in der Einzelgemeinde.

Um uns klar zu machen, wie das zu denken ist und worauf es ankommt, werden wir etwas mehr ins einzelne eingehen müssen. Schäfer[1]) unterscheidet in der Innern Mission, und ich glaube, die Unterscheidung ist richtig und werthvoll, zweierlei Thätigkeiten, die evangelisatorische und die diakonale. Die erstere zielt darauf ab, die Predigt des Evangeliums auch denen zugänglich zu machen, die aus irgend einer Ursache derselben sonst fern bleiben. Dahin gehört vor Allem die Stadtmission, die s. g. Sonntagsschule und Aehnliches. Entstanden ist die Arbeit daraus, daß namentlich in den Großstädten breite Schichten der Bevölkerung von der regel= mäßigen Predigt und der Seelsorge des ordentlichen Pfarramts erfahrungsmäßig nicht mehr erreicht werden. Der Grund liegt darin, daß sich im Laufe der Zeit Veränderungen im Volksleben vollzogen, die kirchlichen Organe aber sich nicht dem entsprechend mit veränderten, sondern dieselben blieben und deßhalb unter den neuen Verhältnissen nicht mehr genügten, ihre früher erfüllte Auf= gabe, das Wort Gottes an alle heranzubringen, nicht mehr zu erfüllen im Stande waren. Die Bevölkerung der Städte wuchs rasch, die Zahl der Kirchen, der Geistlichen wuchs nicht oder doch nicht rasch genug. Dorfgemeinden wurden zu Industriemittelpunkten

---

1) Diakonik, S. 520 ff.

mit zahlreicher Fabrikbevölkerung, die kirchliche Organisation blieb die einer Dorfgemeinde von Landleuten. Die Art und Weise der Arbeit, die socialen Verhältnisse und Gewohnheiten änderten sich, die Kirche versäumte, sich dem mit ihren Ordnungen anzupassen. So wurden viele vom Besuch des Gottesdienstes ausgeschlossen und für die Seelsorge unerreichbar, wenigstens schwer erreichbar. Da griff die Innere Mission ein durch Einrichtung einer Stadtmission, durch Sonntagsschulen u. s. w. Daß sie es that, darüber kann man sich freuen, denn die Arbeit war nöthig, aber mit aller Bestimmtheit muß man es auch aussprechen: Sie sollte nicht nöthig sein und darf nicht nöthig bleiben. Denn hier übt die Innere Mission eine Thätigkeit aus, die principiell der Kirche zusteht. Das Eingreifen der Innern Mission war nöthig geworden, weil die Organisation der Kirche nicht genügte, weil die Kirche nicht ausreichende Organe hatte oder die, welche sie hatte, nicht kräftig genug wirkten. Die Kirche würde ihre Pflicht versäumen, wenn sie Thätigkeiten, die unmittelbar zu ihrer Aufgabe gehören, dauernd freien Vereinigungen überließe, die mit ihr in keiner geordneten Verbindung stehen. Mit allen Kräften hat sie dahin zu streben, ihre Organisation der Art zu vervollständigen und den Verhältnissen anzupassen, daß sie selbst mit ihrer Predigt und Seelsorge an alle herankommt. Es gilt mehr Kirchen zu bauen, mehr Geistliche anzustellen, ihnen das nöthige Hülfspersonal (dabei denke ich besonders an tüchtig ausgebildete Diakonen) beizuordnen, die Parochien richtig abzugrenzen und abzutheilen, Zeit und Ordnung des Gottesdienstes den Verhältnissen anzupassen, kurzum alles zu thun, damit die kirchliche Organisation selbst das Nöthige zu leisten im Stande ist. Da liegt eine der größten und wichtigsten Aufgaben der Kirche in der Gegenwart. Gottlob! ist sie jetzt wenigstens erkannt und in Angriff genommen, so viel da auch noch zu thun ist. Uebrigens geht meine Meinung nicht dahin, daß Stadtmission und Sonntagsschulen ganz verschwinden sollten. Die Kirche kann und soll hier von der Innern Mission lernen, und was sich von der Arbeit derselben bewährt hat, in ihre Organisation aufnehmen. Aber ihre Sonderstellung neben der kirchlichen Organisation müssen derartige Institute allerdings aufgeben.

Etwas anders steht es mit den Thätigkeiten der Innern Mission, die **Schäfer** als diakonale kennzeichnet. Es gehören dahin alle die mannigfaltigen Werke der Barmherzigkeit, die darauf abzielen, die Noth und das Elend in der menschlichen Gesellschaft zu bekämpfen, zu beseitigen oder doch zu lindern. Sie haben zwar dieselbe Wurzel wie die eben besprochenen evangelisatorischen Arbeiten, die erbarmende christliche Liebe; sie verfolgen auch auf das Höchste gesehen dasselbe Ziel. Wenn es mit ihnen recht bestellt ist, so trachten auch sie dahin, das Reich Gottes zu fördern, die dem Herrn und seiner Kirche Entfremdeten wieder zu gewinnen dadurch, daß sie Nothstände beseitigen, die zugleich Hindernisse des christlichen Lebens sind, und dadurch, daß die Nothleidenden die Liebe erfahren und von der Liebe berührt für die ewige Liebe gewonnen werden. Auch diese Thätigkeiten haben deßhalb für die Kirche die größte Bedeutung, sie sind wie Wendt richtig sagt, auch eine Form der Predigt des Evangeliums, wenn auch nur eine indirecte. Daraus folgt aber noch nicht, daß sie alle verkirchlicht, das will sagen ganz unter die Leitung kirchlicher Organe gestellt werden müßten. Vergegenwärtigen wir uns nur, daß es sich hier um Thätigkeiten handelt, die nicht direct zu den Functionen der Kirche gehören, wie die Predigt des Evangeliums, sondern zum großen Theile um Thätigkeiten, die principiell dem Hause, der Schule, der Gesellschaft, dem Staate zukommen, und die nur, weil die Verhältnisse in irgend einer Weise abnorm geworden sind, besondern Anstalten und Vereinen zufallen. Weil es Kinder giebt, die kein Vaterhaus mehr haben, bedarf es der Veranstaltungen zur Erziehung verwaister oder verlassener Kinder. Weil es Kinder giebt, die so verwahrlost sind, daß häusliche Erziehung und die ordentliche Schule für sie nicht genügen, giebt es Rettungshäuser. Weil es Jünglinge und Jungfrauen giebt, die in der menschlichen Gesellschaft vereinsamt dastehen, die keine Geselligkeit in den gewöhnlichen Formen finden, haben wir Jünglings- und Jungfrauenvereine. So wenig nun unsere Kirche darauf Anspruch macht, Haus, Familienleben, Geselligkeit, Schule, Staat, alles zu verkirchlichen, unter ihre directe Leitung zu stellen (das wäre katholisch, nicht evangelisch), eben so wenig kann sie auch den Anspruch erheben, diese ganze Liebesthätigkeit zu verkirchlichen. Sie fordert nur und arbeitet dahin, daß das Alles christlich werde, daß das Haus, die Familie, die Gesellschaft und dann auch die Uebung der Liebespflicht in allen diesen Kreisen oder zum Ersatz dieser Kreise von christlichem Geiste erfüllt werden und in diesem Geiste ihr Handreichung thun, mit ihr zusammen am Aufbau des Gottesreiches arbeiten. Das ist aber nur zu erreichen, in gesunder Weise zu erreichen, durch den Anschluß an die Kirche, ist nur im Zusammenhange des Gemeindelebens möglich. Deshalb geht die Forderung nicht auf eine völlige Verkirchlichung der Innern Mission in dem oben erörterten Sinne, so daß alle Anstalten und Werke der Innern Mission unter die directe Leitung der kirchlichen Organe, des Pfarramts, des Kirchenregiments, der Synoden gestellt werden müßten, sondern nur auf engeren Anschluß an die Kirche, so daß sie den belebenden Einfluß, der von der Kirche, von der Predigt des Evangeliums in der Kirche ausgeht, die Kräfte, die in einem gesunden Gemeindeleben liegen, auf sich einwirken lassen, zu diesem Zweck den Zusammenhang mit der Gemeinde wahren, und umgekehrt die Gemeinde und ihre Organe den Zusammenhang mit ihnen.

Auch hier ergiebt sich wieder die Nothwendigkeit und die hohe Bedeutung einer geordneten kirchlichen Armenpflege. Denn fragen wir nach dem Anschlußpunkt, wo die Liebesthätigkeit der freien Vereine sich an das Gemeindeleben anschließen soll, so ist dieser eben in der kirchlichen Armenpflege gegeben. Wo eine solche nicht besteht, wird der Anschluß immer ein zufälliger bleiben, je nachdem Pastor und Kirchenvorsteher persönlich Sinn für derartige Arbeiten haben oder nicht. Wo aber eine geordnete kirchliche Armenpflege vorhanden ist, da werden die mit ihr betrauten Organe der Kirche mit innerer Nothwendigkeit dahin gedrängt, den Anschluß der freien Liebesthätigkeit auch ihrerseits zu suchen, da sie deren Hülfe bedürfen, wie denn auch viele neuere Kirchenvorstands= ordnungen die Kirchenvorstände ausdrücklich anweisen, sich mit den in der Gemeinde bestehenden Vereinen für Liebesthätigkeit in Be= ziehung und Einvernehmen zu setzen.

Doch wir müssen jetzt noch einen Schritt weiter gehen. Die Forderung des Anschlusses an die Kirche und das Gemeindeleben ist nur die allgemeine, die für alle Liebesthätigkeit gilt. Damit ist nicht ausgeschlossen, sondern eingeschlossen, daß ein Theil der Arbeit der Innern Mission geradezu in die Kirche eingegliedert, von den Organen der Kirche übernommen wird. Absichtlich rede ich nur von einem Theil der Arbeit [1]. Die von einigen Seiten geforderte völlige

---

[1] Zu weit gehen meiner Ansicht nach die Gedanken Sulze's in seinen bekannten Schriften. So viel überaus Beachtenswerthes darin enthalten ist,

Eingliederung der gesammten, jetzt von der Innern Mission getriebenen Arbeit in die Kirche halte ich für unerfüllbar, jedenfalls in absehbarer Zeit unerfüllbar und über das Ziel hinausschießend. Auch wenn wir mit Gottes Hülfe eine lebenskräftige kirchliche Armenpflege, eine geordnete ihrer Aufgabe gewachsene Gemeindediakonie wieder gewinnen, wird doch immer noch für freie Vereinsthätigkeit Raum sein. Der freie Verein hat ein großes Maß von Initiative. Er kann Arbeiten in Angriff nehmen, von denen noch ungewiß ist, ob sie gelingen werden, neue Mittel versuchen, neue Wege einschlagen, deren Fortführung noch nicht abzusehen ist. Das kann die Kirche nicht, sie darf in keiner Weise experimentiren. Bei manchen Arbeiten ist es schon so gegangen, die freie Liebe hat sie begonnen, und erst als sie neue Bahnen gebrochen, hat die Kirche oder der Staat die Arbeit aufgenommen. Ich erinnere nur an die Blinden- und Taubstummenanstalten, an die Rettungshäuser und Erziehungsvereine und an das Zwangserziehungsgesetz. So wird es voraussichtlich auch in Zukunft gehen.

Aber einen Theil der Arbeit werden die kirchlichen Organe allerdings übernehmen müssen, die Arbeit der freien Vereine in geordnete Gemeindediakonie überführend. Welchen Theil? darüber läßt sich nur aus den concreten Verhältnissen urtheilen. In kleinen Gemeinden, namentlich Landgemeinden, läßt sich Alles Nöthige in der Hand des Kirchenvorstandes vereinigen, und wo das angeht, muß es auch geschehen. Anders steht es allerdings in großen städtischen Gemeinden mit verwickelten Verhältnissen. Aber auch dort ist das Bestreben dahin zu richten, die Liebesthätigkeit in möglichst weitem Umfange parochial auszugestalten und der kirchlichen Armenpflege anzugliedern oder doch zu ihr in lebendige Beziehung zu setzen. Ist damit nur erst der Anfang gemacht, so wird die kirchliche Armenpflege, die geordnete Diakonie, einen anregenden und, worauf so viel ankommt, einen ordnenden und im Gegensatz gegen die jetzt herrschende schädliche und lähmende Zersplitterung auch zusammenfassenden Einfluß nicht bloß auf die Liebesthätigkeit der freien Vereine, sondern auch auf die Privatwohlthätigkeit ausüben, sie wird zum Cristallisationspunkt werden, an den sich die gesammte Liebesthätigkeit der Gemeinde an-

---

kann ich doch seine Pläne für in absehbarer Zeit-realisirbar nicht halten. Vgl. auch Wendt in dem oben Anm. 1 zu S. 26 angeführten Aufsatze.

fetzt¹). Ja noch mehr, eine kräftig entwickelte kirchliche Armenpflege wird auch, wozu sie ihrer eigenthümlichen Art nach besonders geschickt ist, das Mittelglied zwischen der öffentlichen bürgerlichen Armenpflege und der gesammten freien Liebesthätigkeit werden und so an ihrem Theile dazu beitragen, das oben berührte schwierige Problem der Verbindung beider Arten von Armenpflege in einer für beide Theile heilsamen Weise zu lösen, nicht durch eine die freie Entwickelung aller Arten von Armenpflege ertödtende Centralisation²), sondern durch eine freie Arbeitsgemeinschaft, in der jeder das Seine thut, und doch einer dem andern in die Hand arbeitet und alle sich gegenseitig fördern. Gelänge es dahin zu kommen, so wäre damit zugleich ein im höchsten Maße bedeutsamer Fortschritt in der Entwickelung unserer Armenpflege erreicht.

IV. Die kirchliche Armenpflege und das Gemeindeleben.

Kommen wir jetzt zu dem wichtigsten Punkte, der Bedeutung der kirchlichen Armenpflege für das Gemeindeleben, so werde ich zunächst den Versuch machen müssen, zu zeigen, wie dieselbe organisirt und geübt werden muß, um für das Gemeindeleben Bedeutung zu gewinnen, denn so, wie sie thatsächlich in den meisten Gemeinden geübt wird, verdient sie kaum den Namen einer kirchlichen Armenpflege und hat für das Gemeindeleben keine Bedeutung.

Beginnen wir mit der Beschaffung der Mittel für die Armenpflege.

Nicht als ob ich übersähe, daß auch hier die rechten Personen die Hauptsache sind, aber die Personen müssen erst in der Arbeit für die Arbeit erzogen werden, und der Beginn der Arbeit scheitert

---

1) Ebenso urtheilt Achelis a. a. O. II S. 373 und zu ähnlichen Ergebnissen kommt die beachtenswerthe Schrift von Brinkmann, Kirche und Humanität (Berlin 1891). Vgl. S. 67.

2) Durchaus nicht zustimmen kann ich den Gedanken, die Seiffert in der Schrift „Die Centralisation in der Armenpflege" (Leipzig 1886) entwickelt hat. Er erstrebt eine Centralisation der freiwilligen Armenpflege durch Gründung eines Vereines, dessen Mitglied auch die Kirche mit ihrer Armenpflege sein soll (S. 53). Damit ist die Bedeutung der kirchlichen Armenpflege völlig verkannt. Nicht neue Vereinsgründung, sondern Belebung der kirchlichen Armenpflege ist der richtige Weg.

oft an dem wirklichen oder angeblichen Nichtvorhandensein von Mitteln. Hier ist deshalb der Punkt, wo man einsetzen muß. Die neueren Kirchenordnungen enthalten zwar fast sämmtlich Bestimmungen darüber, wer die kirchliche Armenpflege zu leiten hat, aber keine über die Beschaffung der Mittel. Während man in der ersten Beziehung die Bestimmungen der Rheinisch=Westfälischen Kirchenordnung herübernahm, nahm man die in § 17 derselben enthaltenen Bestimmungen über die Beschaffung der Mittel[1]) nicht mit auf, und überließ es den Kirchenvorständen und Kirchenräthen, woher sie die Mittel nehmen wollten, um die ihnen bezüglich der Armenpflege auferlegten Pflichten zu erfüllen.

Die Mittel können dem Kirchenvorstande aus zwei Quellen zufließen, aus Stiftungen und aus Sammlungen in der Gemeinde. So schön es nun ist, wenn dem Kirchenvorstande einträgliche Stiftungen zur Verfügung stehen, wichtiger für die kirchliche Armenpflege achte ich doch die Sammlungen, denn in ihnen ist es die gegenwärtig lebende Gemeinde, welche die Mittel darbietet und sich so zu ihrem eigenen Segen an der Armenpflege betheiligt.

Zu allen Zeiten ist den Gemeindegliedern Gelegenheit gegeben, in den Gottesdiensten auch Opfer der Liebe für die Armen darzubringen. In der ältesten Kirche dienten die Oblationen zum Theil diesem Zwecke, im Mittelalter schlossen sich die Liebesgaben an die Messe, namentlich an die Seelmesse an, die Reformation führte allgemein den Klingelbeutel vor der Predigt oder während der Predigt ein und ordnete Sammlungen bei Taufen, Hochzeiten und Begräbnissen an. Derartige Sammlungen bestehen auch heute noch in verschiedener Form fast überall, aber sie sind leider vielfach, vielleicht darf ich sagen in dem größten Theile der deutschen evangelischen Landeskirchen, den Armen entzogen. In Preußen fließen sie im Geltungsbezirk des Allgemeinen Landrechts nach diesem (§ 665 II, 11), soweit nicht aus besonderen Gründen eine Ausnahme von der gesetzlichen Regel Platz greift, den Kirchenkassen zu[2]).

---

1) Der § 17 verpflichtet die Diakonen, den Armenfonds der Gemeinde zu verwalten und „die Sammlungen der Beiträge für die Kirche und Armen der Gemeinde zu besorgen".

2) Vgl. Verwaltungsordnung vom 15. Dec. 1886 § 59: „Der Ertrag aus dem Klingelbeutel und den ausgestellten Becken gehört, sofern nicht ein anderes nachgewiesen werden kann oder mit Genehmigung des Consistoriums bestimmt wird,

In Bayern kommen sie in der Regel dem Heiligen (der Kirchenstiftung) zu Gute. In Sachsen fließen nach der Armenordnung vom 22. Oct. 1840 der bürgerlichen Armenkasse die Sammlungen bei Taufen, Hochzeiten, Begräbnissen und Communionen zu, wo es hergebracht ist, auch der Ertrag des Klingelbeutels, und wo es der Zustand des Kirchenvermögens gestattet, selbst Beiträge aus diesem. Noch neuerdings hat das Sächsische Ministerium einen Antrag der Landessynode, es möchten die s. g. Beckengelder den Kirchenvorständen zu freier Verfügung überlassen werden, ablehnend beschieden[1]). Aehnlich wird es an vielen Orten sein. Auch in der Hannoverschen Landeskirche giebt es noch eine Anzahl von namentlich städtischen Gemeinden, deren gottesdienstliche Sammlungen nicht der kirchlichen, sondern der bürgerlichen Armenpflege dienen.

Derartige Bestimmungen kann ich nur als einen die Kirche schwer beeinträchtigenden Mißstand ansehen, dessen thunlichst baldige Beseitigung vor Allem anzustreben ist. Die Liebesopfer, welche die Gemeinde bei ihren Gottesdiensten bringt, gehören den Armen. Daß sie zur Kirchenkasse gezogen werden, ist unwürdig; es ziemt der Gemeinde, die zur Erhaltung des Kirchenwesens nöthigen Mittel in anderer Weise aufzubringen, nicht auf Kosten der Armuth. Daß sie der bürgerlichen Armenkasse zufließen, ist nicht minder unwürdig, denn dann dienen sie im Grunde zur Erleichterung der Steuerlast, und das heißt die Wohlhabenden, die sonst die Steuern aufbringen müßten, erleichtern sich ihre Last auf Kosten der Armen. Es nützt der Armenkasse auch nichts diese Gelder einzuziehen, denn als kirchliche Armenmittel richtig verwendet, würden sie noch viel mehr zur Erleichterung der Armenlast beitragen. Diese Einsicht fängt denn auch an sich Bahn zu brechen. In Hannover ist es gelungen, die Erträge des Klingelbeutels fast überall wieder der kirchlichen Armenpflege zuzuwenden, auch in den Gebieten, wo das Preußische Landrecht gilt. Selbst Städte mit gemischter Armenpflege haben auf die ihnen observanzmäßig zufließenden Klingelbeutelgelder zu Gunsten der kirchlichen Armenpflege verzichtet. Ueberhaupt darf in dieser Beziehung eine Wendung zum Bessern constatirt werden. Die

---

zu den Kircheneinkünften". (Friedberg, Verfassungsgesetze I. Ergänzungsband S. 30). Solche Ausnahmen sind jedoch nicht selten.

2) Verhandlungen der Landessynode von 1891 S. 20.

Schleswig-Holsteinsche Kirchengemeinde- und Synodalordnung von 1876 weist die Verwendung der Klingelbeutelgelder, die bisher einer besonderen Commission zugestanden hatte, wieder dem Kirchenvorstande zu¹). Dasselbe ist in Hessen-Darmstadt durch den Ministerialerlaß vom 13. October 1879 und in Württemberg durch das Gesetz vom 14. Juni 1887 geschehen²). In Oldenburg nimmt die Zahl der Gemeinden, in denen Sammlungen durch den Klingelbeutel oder durch Becken und Büchsen der kirchlichen Armenpflege zufließen, stetig zu³). In den östlichen Provinzen Preußens sucht man da, wo der Klingelbeutel in die Kirchenkasse fließt, durch besondere Collecten an einzelnen Sonntagen zu helfen. Es ist zu wünschen und mit allen Kräften zu erstreben, daß die Erträge der kirchlichen Sammlungen, die am besten in alter Weise durch den Klingelbeutel geschehen, der kirchlichen Armenpflege dienstbar gemacht werden. Geschieht das, so ist damit der kirchlichen Armenpflege eine reichlich fließende Quelle eröffnet, denn es ist mit Sicherheit zu erwarten, daß die Gaben sich mehren werden, sobald die Gemeinde die Gewißheit hat, daß sie einer geordneten kirchlichen Armenpflege dienen. So hat es bei uns in Hannover die Erfahrung gezeigt. In manchen Gemeinden hat sich der Ertrag des Klingelbeutels verdoppelt und verdreifacht, in einer hat er sogar in kurzer Zeit die siebenfache Höhe erreicht. Allerdings müssen dann auch die Kirchenvorsteher es als ein Stück ihres Ehrenamts ansehen, die Sammlungen selbst vorzunehmen, wie das die Rheinisch-Westfälische Kirchenordnung den Diakonen ausdrücklich vorschreibt. Dagegen sollten dann aber auch Einnahmen nicht kirchlicher Art, die hie und da der kirchlichen Armenkasse zufließen, der bürgerlichen Gemeinde überlassen werden. Die Erträge der Hundesteuer, der Büchsen in den Wirthshäusern, das Standgeld auf den Märkten u. dgl. gehören nicht in die kirchliche Armenkasse.

Schwieriger ist die Frage, ob es richtig ist, auch Mittel, die von der Gemeinde auf dem Wege der Kirchensteuer aufgebracht

---

1) § 44. Vgl. Chalybaeus, Sammlung von Vorschriften und Entscheidungen betr. das Schleswig-Holsteinsche Kirchenrecht (Kiel 1883) S. 16. Bis dahin waren sie von besonderen, aus dem Pastor und von den Armencollegien gewählten Beisitzern bestehenden Commissionen verwaltet. Ebendas. S. 466.

2) Art. 53 bei Friedberg a. a. O. I. Ergänzungsband S. 121.

3) Protokolle der 17. Landessynode S. 70 ff.

werden zu Zwecken der Diakonie zu verwenden. Zwar unbedenklich möchte es sein, den Unterhalt von Diakonen und Gemeindeschwestern daraus zu bestreiten. Gestatten mehrere Kirchenvorstandsordnungen, wie die der lutherischen Landeskirche Hannovers in § 37, dem Kirchenvorstande „sich Helfer in amtlicher Stellung beizuordnen", so sind diese Helfer auch als Gemeindebeamte zur Unterstützung des Pastors und des Kirchenvorstandes anzusehen und es alterirt den Charakter der kirchlichen Armenpflege als einer freien Liebesthätigkeit nicht, wenn sie als Gemeindebeamte auch aus der Kirchenkasse besoldet werden. Auch das möchte meiner Ansicht nach noch zulässig sein, eine Wohnung für die Gemeindeschwestern, ein Pflege- oder Gemeindehaus aus den Mitteln der Kirchengemeinde zu beschaffen und zu erhalten. Aber jede darüber hinausgehende Heranziehung der Kirchensteuer zum Zweck der Errichtung und Unterhaltung von Veranstaltungen der Liebesthätigkeit halte ich, ganz abgesehen davon, ob sie kirchenrechtlich zulässig ist, für bedenklich. Auf der sechsten Hauptversammlung des deutschen Herbergsvereins in Berlin (1891) ist ein derartiger Schritt von mehreren Seiten lebhaft befürwortet[1]). Consistorialrath Schuster in Berlin geht davon aus, daß Steuerumlagen zur Befriedigung kirchlicher Bedürfnisse bestimmt sind. Wo sich nun ergiebt, so argumentirt er weiter, daß die Gründung und Unterhaltung einer Herberge zur Heimath die Kirchengemeinde in der Erfüllung ihrer Aufgabe, sich zu einer Pflanzstätte christlicher Gesinnung und christlichen Lebens zu gestalten, fördern kann, liegt ein kirchliches Bedürfniß vor, dessen Befriedigung eine Pflicht der Kirchengemeinde ist. Aber auf diesem Wege könnte man die Heranziehung von Kirchensteuern für jede Art von Liebesthätigkeit und Armenpflege rechtfertigen, denn sie fördert jedenfalls die Gemeinde in der angegebenen Beziehung. Meinestheils kann ich nur dringlich vor solchen Schritten warnen, und finde es durchaus berechtigt, wenn die Kirchenbehörden dahin zielende Anträge ablehnen. Sie schützen damit nur den Charakter der kirchlichen Armenpflege als einen freiwilligen. Die Heranziehung von Mitteln, welche auf dem Wege der Kirchensteuer aufgebracht werden, alterirt diesen Charakter aufs bedenklichste, macht die kirchliche Armenpflege zu einer Art Zwangs-

---

1) Vgl. die Referate des Pastors Axenfeld und des Consistorialraths Schuster in den Verhandlungen namentlich S. 17.

armenpflege, und beraubt sie dadurch nicht bloß ihres größten Vorzugs, sondern stellt auch ihren Segen für die Gemeinde in Frage. Das Grundgesetz aller kirchlichen Armenpflege steht 2. Cor. 9, 7 verzeichnet: „Ein jeglicher nach seiner Willkür, nicht mit Unwillen oder Zwang, denn einen fröhlichen Geber hat Gott lieb", die Freiheit ist ihr innerster Herzschlag, und viel sicherer, als dadurch, daß man die ihr zu Gebote stehenden Mittel durch Heranziehung von Kirchensteuern zu vermehren sucht, wird man die kirchliche Armenpflege dadurch fördern, daß man ihren Charakter als einen freiwilligen mit peinlicher Sorgfalt wahrt.

Die Leitung der kirchlichen Armenpflege ist Sache des Kirchenvorstandes. Es ist nicht richtig, wenn in einzelnen Gemeinden der Pastor allein über die Armenmittel verfügt. Gewiß ist es wohlgethan, wenn der Kirchenvorstand dem Pastor einen ausreichenden Theil der Armenmittel zur Verwendung im unmittelbaren Anschluß an seine Seelsorge zur Verfügung stellt, aber die Leitung des Ganzen muß doch immer dem Kirchenvorstande verbleiben. Sonst wird die Armenpflege nie Sache der Gemeinde werden, was sie doch sein soll. Der Kirchenvorstand muß aber für diese Thätigkeit richtig organisirt werden, worauf auch die Kirchenvorstandsordnungen hindeuten, wenn sie entweder einzelne Mitglieder des Kirchenvorstandes als Diakonen mit der Armenpflege betrauen, oder es den Kirchenvorständen freistellen, einzelne Kirchenvorsteher mit einzelnen Zweigen ihrer Thätigkeit, also auch mit der Armenpflege, besonders zu beauftragen. Am besten geschieht das so, daß die Gemeinde in kleinere Bezirke eingetheilt wird, und die einzelnen Bezirke einzelnen Kirchenvorstehern für die Ausübung der Armenpflege überwiesen werden. Die Erfahrung hat gelehrt, daß die Bezirke klein sein müssen. Sonst ladet man den Einzelnen zu viel auf und wiederholt den Fehler, der nach meiner Ueberzeugung es hauptsächlich verschuldet hat, daß die von der Gemeindearmenpflege handelnden Abschnitte der reformatorischen Kirchenordnungen, die so viel Gutes enthalten, meist auf dem Papier geblieben und nicht ins Leben geführt sind. Reicht die Zahl der Kirchenvorsteher zu diesem Zwecke nicht aus, so muß der Kirchenvorstand, was ihm auch in vielen Kirchenvorstandsordnungen ausdrücklich gestattet ist, sich Helfer aus der Gemeinde, da, wo eine größere Gemeindevertretung besteht, in erster Linie aus dieser beiordnen. Das bringt zugleich den großen Vortheil, daß die Gemeinde zur Mitthätigkeit herangezogen wird. Denn dahin muß immer, soll es zu einer wirklich lebendigen Armenpflege kommen, das Bestreben gerichtet sein, sie zur Sache der Gemeinde zu machen. Um das zu erreichen ist es nöthig, daß der Kirchenvorstand der größeren Gemeindevertretung, wo eine solche vorhanden ist, oder der Gemeindeversammlung selbst von Zeit zu Zeit über seine Thätigkeit in der Armenpflege Mittheilung macht, die Grundsätze, nach denen er handelt, bespricht und in jeder Weise die Gemeinde für die Armenpflege als ihre Sache interessirt. Daß dabei mit Discretion und zarter Schonung zu verfahren ist, bedarf kaum der Erwähnung. Auch dabei darf nicht vergessen werden, daß es sich um kirchliche Armenpflege handelt, nicht um öffentliche bürgerliche.

Soll es zu einer ihrer Aufgabe gewachsenen kirchliche Armenpflege kommen, so bedarf der Kirchenvorstand dazu aber auch noch anderer Hülfskräfte. Es bedarf der Anstellung von technisch geschulten Berufs-Arbeitern und vor allem Arbeiterinnen, Diakonen und Diakonissen. Zwar ist deren Anstellung nur in wenigen Kirchenvorstandsordnungen, wie in der Hannoverschen[1]), ausdrücklich vorgesehen. Aber auch die übrigen Kirchenvorstandsordungen schließen sie nicht aus. Wenn sie dem Kirchenvorstande die Leitung der „kirchlichen Einrichtungen für die Pflege der Armen und Kranken" übertragen[2]), so gehört zu diesen Einrichtungen in erster Linie die Anstellung von Diakonen und Gemeindeschwestern. Zwar der ersteren wird es nur in größeren städtischen Gemeinden bedürfen, dort aber lehrt die Erfahrung, daß sie dem Pastor bald zu einer unentbehrlichen Hülfskraft werden; dagegen sollten Gemeindeschwestern zur Armen- und Krankenpflege in irgend welcher Form in keiner Gemeinde fehlen. Erfreulicher Weise ist die Zahl derselben in beständigem Wachsen. Nach der letzten Zählung arbeiteten allein schon 1500 Diakonissen aus deutschen Diakonissenhäusern in der Gemeindepflege. Dazu kommen dann noch die s. g. weltlichen Krankenpflegerinnen, Schwestern vom rothen Kreuz, Albertinerinnen, Olga-Schwestern oder wie sie

---

1) § 37. „In geeigneten Fällen kann der K.V. sich besondere Helfer in amtlicher Stellung beiordnen". Aehnlich die K.G.O. für Anhalt vom 6. Febr. 1875.

2) K.G. u. S.O. für die älteren Preuß. Provinzen vom 10. Septbr. 1873 § 17.

heißen, und Schwestern, die keinem größeren Verbande angehören. Leider ist die Klage über Mangel an Schwestern allgemein. Manche Gemeinde würde gern solche anstellen, wenn die Diakonissenhäuser nur welche schicken könnten. Um dem Mangel abzuhelfen, ist neuerdings der Versuch gemacht, noch auf einem anderen Wege die nöthigen Kräfte zu gewinnen, ja wie Einige meinen, erst zur Gemeindediakonie im vollen Sinne des Worts zu kommen. Man hat Jungfrauen und Wittwen aus der Gemeinde selbst in der Krankenpflege ausbilden lassen und dann als Gemeindeschwestern angestellt. Die Diakonissenhäuser sind zum Theil bereitwillig auf diesen Gedanken eingegangen und haben sich erboten, die Ausbildung zu übernehmen. Ob es gelingen wird, auf diese Weise dem Mangel abzuhelfen, das zu beurtheilen reichen die bisherigen Erfahrungen noch nicht aus. Neben sehr günstigen Erfahrungen stehen auch ungünstige. Eine solche Schwester entbehrt des Rückhalts, den der Diakonisse ihr Mutterhaus bietet; es fehlt auch die Anregung und Fortbildung, welche für diese in ihrem dauernden Zusammenhange mit dem Mutterhause liegt. Aber so weit sind die Erfahrungen doch günstig, daß es sich dringend empfiehlt, auf diesem Wege fortzuschreiten. Nur müßte man versuchen, derartige Krankenpflegerinnen in einen Verband zusammenzuschließen, oder sie, wenn auch in einem loseren Verhältniß als die Diakonissen, einem Mutterhause anzugliedern, um ihnen so wenigstens einigermaßen das zu schaffen, was ihnen fehlt.

Die Anstellung der Gemeindeschwestern muß vom Kirchenvorstande selbst ausgehen. Damit soll nicht geleugnet werden, daß auch von einem Verein angestellte Schwestern vielfach in Segen wirken. Aber normal ist das nicht, Gemeindeschwestern im vollen Sinne des Worts werden sie dann nicht, und daß sie das werden, darauf ist das größte Gewicht zu legen. Gerade hier ist ein Punkt, wo sich die Eingliederung der Liebesthätigkeit in die Organisation der Kirche am leichtesten verwirklichen läßt. Der Kirchenvorstand schließt den Vertrag mit dem Mutterhause, er sorgt für die Aufbringung der nöthigen Mittel, und ihm fällt überhaupt die Leitung der ganzen Einrichtung zu, während die Leitung im Einzelnen am richtigsten in der Hand des Pastors liegt. Von manchen Seiten[1]) hat man gefordert, daß die Schwester, einmal als Gemeindeschwester

---

1) J. B. Achelis, Praktische Theologie II, § 72.

angestellt, ganz von dem Diakonissenhause, in dem sie ausgebildet ist, losgelöst werden müsse. Das kann ich nicht für richtig halten. Man würde dadurch die Schwester des großen Segens berauben, der für sie darin liegt, daß sie ein Mutterhaus hat, dessen Kind sie bleibt, das sie hält und trägt, auch wenn sie auswärts als Gemeindeschwester arbeitet. Gerade weibliche Naturen können einer solchen Anlehnung nicht entrathen. Das Diakonissenhaus würde zu einer bloßen Diakonissenschule herabsinken, nicht mehr, was es doch als Diakonissenhaus sein soll, Mutterhaus seiner Schwestern bleiben. Auch für die Gemeinde ist es ein nicht zu unterschätzender Vortheil, daß die Schwester auf die Fürsorge ihres Mutterhauses rechnen darf, und daß die Möglichkeit eines Wechsels der Schwester, der Einstellung einer geeigneteren Persönlichkeit erforderlichen Falls gegeben ist. Aber so viel ist von der erhobenen Forderung richtig, die Schwester muß als Gemeindeschwester ganz der Gemeinde angehören, sich als ihr Glied in sie einleben. Der Seelsorger der Gemeinde ist ihr Seelsorger, und Directiven für ihre Arbeit hat sie nur von dem Pastor und dem Kirchenvorstande zu empfangen. Wenn einzelne Diakonissenhäuser es ungern sehen, daß die Schwestern sich in die Gemeinde einleben und das durch häufigeres Wechseln der Schwestern zu verhüten suchen, wenn sie wohl gar, abgesehen von dem den Schwestern freilich hie und da sehr nöthigen Schutz vor übermäßigen Ansprüchen an ihre Kräfte, in die Arbeit der Schwestern selbst eingreifen, so ist das keineswegs allgemeine Praxis, und es steht zu hoffen, daß dergleichen immer mehr einer gesunden Praxis weichen wird.

Während größere Gemeinden Gemeindeschwestern haben müssen, die als solche ganz diesem ihrem Berufe leben, halte ich das für kleinere Gemeinden nicht für nöthig, ja nicht einmal für wünschenswerth. In einer kleinen Landgemeinde würde eine solche Schwester nicht genügende regelmäßige Arbeit haben, und die hie und da versuchte Anstellung von Schwestern für mehrere Nachbargemeinden zusammen ist der daraus entstehenden mancherlei Schwierigkeiten wegen wenig zu empfehlen. Für kleinere Gemeinden thut der Kirchenvorstand am besten, eine Jungfrau oder Wittwe aus der Gemeinde selbst, nachdem sie, wie oben bemerkt, in einem Diakonissenhause so weit nöthig unterwiesen ist, der Art als Krankenpflegerin anzustellen, daß sie im übrigen in ihrer Familie und ihrem Berufe bleibt, aber dem Kirchenvorstande gegenüber sich gegen eine ihr jährlich zu zahlende Summe verpflichtet, auf Anweisung des Kirchenvorstandes Kranke, Sieche und Arme zu pflegen, sobald sie gerufen wird. Für die wirklich geleisteten Pflegetage erhält sie dann außerdem eine Vergütung, die von wohlhabenden Gemeindegliedern selbst, für Arme von dem Kirchenvorstand aus der kirchlichen Armenkasse gezahlt wird. Eine solche Einrichtung ist leichter zu beschaffen, als die Anstellung wirklicher Gemeindeschwestern und doch von großem Segen für die Gemeinde.

In größeren Gemeinden bedarf die kirchliche Armenpflege auch eines localen Mittelpunktes. Am einfachsten ist derselbe in der Wohnung der Gemeindeschwestern gegeben. Es ist nur ein Nothbehelf, diese in einer Familie unterzubringen. Sie müssen eine eigene Wohnung haben. Am besten ist es, daß der Kirchenvorstand ein Pflegehaus[1]) einrichtet, welches ganz dem Zwecke der Armenpflege dient, in dem die Schwestern wohnen, in dem die Warteschule ihre Stätte findet, in dem auch zeitweilig einzelne Kranke, Sieche und Kinder Aufnahme finden, wo der Frauenverein der Gemeinde sich versammelt, wo sich die Niederlage der Krankenwäsche befindet u. s. w., kurzum das zum Mittelpunkt der gesammten gemeindlichen Liebesthätigkeit wird.

Die Arbeit der Gemeindeschwestern wird dann auch das Bindeglied zwischen der kirchlichen Armenpflege und der Privatwohlthätigkeit so wie der Thätigkeit der Vereine werden. Ich erwähnte schon den Frauenverein für Armen- und Krankenpflege in der Voraussetzung, daß ein solcher in jeder Gemeinde bestehen sollte. Leider ist mit der Zunahme der Diakonissenarbeit die eine Zeit lang rüstig betriebene Arbeit der Frauenvereine an vielen Orten zurückgegangen. Das sollte nicht so sein. Das Diakonisseninstitut dispensirt die Frauen und Jungfrauen der Gemeinde nicht von ihrer Pflicht, den Armen zu dienen; es würde ihnen ja auch sonst den Segen rauben, der auf dieser Arbeit ruht. Das Richtigste ist, daß beiderlei Arbeit sich zusammenschließt, daß die Gemeindeschwestern dem Verein als technisch geschulte Hülfskräfte dienen, und wiederum der Verein den Schwestern unterstützend zur Seite steht. Je mehr die Schwestern zu thun haben, desto mehr wird auch der Verein zu thun haben in Beschaffung der

---

1) Ueber Pflegehäuser vgl. Rotherts Innere Mission in Hannover S. 224.

Mittel, der Krankensuppen und Krankenwäsche, und auch darin, daß dazu geeignete Glieder des Vereins den Schwestern in der Pflege helfen.

Ueber das eigentliche Gebiet der kirchlichen Armenpflege und die ihr eben als kirchlicher im Unterschiede von der bürgerlichen Armenpflege gestellten Aufgaben habe ich mich schon oben (S. 21 ff.) ausgesprochen. Es wird deshalb genügen, dem noch einige Bemerkungen hinzuzufügen.

Der schwerste Schaden der bisherigen kirchlichen Armenpflege liegt in der Zersplitterung der Mittel. Man giebt einer großen Zahl von Armen (oft sind sie auch gar nicht einmal arm) zu bestimmten Zeiten kleine Gaben und erreicht damit nichts. Es ist besser, daß der Kirchenvorstand einige wenige für seine Pflege geeignete Arme auswählt, diese dann aber ganz versorgt und ihnen gründlich hilft, als daß er vielen kleine Gaben zuwendet, mit denen ihnen doch nicht geholfen ist. Das ist, man kann es nicht genug betonen, ja der große Vorzug der kirchlichen Armenpflege, daß sie auswählen kann, wen sie unterstützen will, wen nicht? Sie darf die bürgerliche Armenpflege voraussetzen und braucht also nicht zu fürchten, daß es einem von ihr nicht unterstützten Armen an dem Nothwendigsten fehlen würde. Diese Freiheit der Bewegung muß der Kirchenvorstand sich auch nicht dadurch selbst verkümmern, daß er einen großen Theil der Mittel festlegt, indem er, wie ich es oben ausdrückte, einzelne Arme zu Pensionären der Armenkasse macht. Immer von neuem wiederholte auf persönliche Erforschung der Verhältnisse gegründete Prüfung der Bedürftigkeit und Würdigkeit der Armen muß Voraussetzung der Unterstützung sein. Noch viel weniger als bei der bürgerlichen Armenpflege darf auch nur der Schein entstehen, als ob der Arme ein Recht auf die Unterstützung hätte. Wird der Zersplitterung der Mittel vorgebeugt, so wird der Kirchenvorstand auch im Stande sein, einen Reservefonds zu sammeln, um in besonderen Fällen mit größeren Mitteln helfen zu können.

Mit der Prüfung der Würdigkeit, das ist ein weiterer Schade der bisherigen Armenpflege, wird es meist recht leicht genommen. Man begnügt sich damit, daß Jemand der Kirche angehört und nur nicht geradezu ein sittlich ärgerliches Leben geführt hat. Dann kommt er auf die Liste der zu unterstützenden und bleibt meist regelmäßig darauf stehen. Das genügt nicht. Aber freilich, die

Würdigkeit hängt auch nicht davon ab, in welchem Maße Jemand seine Noth selbst verschuldet hat, als ob die Kirche jeden abweisen müßte, bei dem die Noth Folge der eigenen Sünde ist. Das würde dem innersten Wesen der Kirche als der Heilsanstalt für die Sünder widersprechen. Die entscheidende Frage ist vielmehr nur die, ob er sich helfen lassen will oder nicht. Wer sich helfen lassen will zu einem christlichen Leben, der ist der Unterstützung würdig, unwürdig ist nur, wer sich nicht helfen lassen will, wer in der Unterstützung nur die Möglichkeit sucht, in seinem unsittlichen Leben zu beharren. Und auch bei dieser Prüfung wird die Kirche es nicht an Geduld und Hoffnung fehlen lassen dürfen. Die Armenpflege darf nicht eine Art von Kirchenzucht werden. Ueberhaupt darf die Armenpflege keine Nebenabsichten haben, so wenig wie die Privatwohlthätigkeit. Keine Armenpflege ad majorem ecclesiae gloriam. Gewiß, wir wollen mit der Armenpflege auch Propaganda machen, aber doch nur so, daß wir streben wirklich Seelen zu retten, sie für den Herrn und sein Reich zu gewinnen. Sonst ist die Armenpflege Heuchelei und wird keinen Segen bringen.

Auch darin hat die kirchliche Armenpflege einen Vorzug vor der bürgerlichen, daß sie mit voller Freiheit die Art und das Maß ihrer Hülfe bestimmen kann. Das Geheimniß aller Armenpflege liegt im Individualisiren. Je mehr eine Armenpflege individualisirt, desto besser ist sie. Das gilt in noch höherem Maße als von der bürgerlichen von der kirchlichen Armenpflege. Deshalb schreibt die Hannoversche Kirchenvorstandsordnung den Kirchenvorständen nicht bloß vor, „die geistliche und leibliche Noth der Armen zu erforschen", sondern auch „die Art und Weise ihrer Unterstützung besonders zu erwägen". Das wird allerdings nur möglich sein, wenn die einzelnen Kirchenvorsteher persönlich thätig werden, die Armen ihres Bezirks regelmäßig besuchen und jede Gelegenheit benutzen, um mit ihnen in persönlichen Verkehr zu treten, um so auch religiös und sittlich auf sie einzuwirken[1]). Dabei empfiehlt es sich, den Kirchenvorstehern, natürlich in dem Rahmen bestimmter allgemeiner Ordnungen, möglichst freie Hand zu lassen, ein Verfahren, das sich auf dem Gebiete der bürgerlicher Armenpflege gut bewährt hat und auf dem

---

[1]) Wie die Rhein. Westf. K.O. die den Diakonen obliegende Sorge für die Armen beschreibt siehe oben S. 1.

Gebiete der kirchlichen Armenpflege als einer freien noch mehr angezeigt ist. Allerdings werden unsere Kirchenvorsteher in dieser Arbeit noch viel zu lernen haben, aber sie werden auch lernen, wenn sie nur angeleitet werden.

Kaum brauche ich erst zu erinnern, daß bei der Organisation der kirchlichen Armenpflege die besonderen Verhältnisse der einzelnen Gemeinden aufs sorgsamste zu beachten sind. Ganz verkehrt wäre es, hier Regeln aufzustellen und Forderungen zu erheben und dann deren Durchführung in allen Gemeinden ohne Unterschied zu verlangen, als ob nur die Gemeinden Anspruch darauf hätten, als lebendige zu gelten, die eine gerade so organisirte Armenpflege haben. Eins nun ist von allen Gemeinden, großen und kleinen, städtischen und ländlichen zu fordern, daß in irgend einem Maße auch gemeindliche Liebesthätigkeit da sei, daß jede Gemeinschaft des Glaubens auch Gemeinschaft der Liebe werde.

Damit komme ich auf die Bedeutung der kirchlichen Armenpflege für das Gemeindeleben.

Ueber wenige Punkte möchte heute wohl ein solches Maß von Einverständniß vorhanden sein, wie darüber, daß eine der Hauptaufgaben der Kirche in der Gegenwart die Pflege des Gemeindelebens ist. In der Gemeinde liegt unsere Stärke, wie die der Römischen Kirche in der Hierarchie. Statt wie hie und da derartige Gelüste auftauchen, unserer Kirche auch eine Art Hierarchie aufzupfropfen, gilt es vielmehr mit allen Kräften dahin zu arbeiten, daß die Gemeinden wirkliche Gemeinden werden, nicht bloße Parochieen, auch nicht bloße Cultusgemeinden, deren Gemeinschaftsleben sich auf den gemeinschaftlichen Sonntagsgottesdienst beschränkt, sondern Gemeinschaften von christlichen Brüdern und Schwestern, die für einander leben, mit einander arbeiten, einander dienen und helfen. Was zieht bei den Secten so viele an, was zieht so viele zu den socialdemokratischen Vereinen und Versammlungen? Daß dort Gemeinschaft ist, oder daß sie wenigstens dort eine Gemeinschaft zu finden hoffen, die sie in der Kirche nicht finden. Für die Erweckung und Pflege des Gemeindelebens ist aber neben der glaubensvollen Predigt des Evangeliums gerade die Gemeindearmenpflege von höchster Bedeutung. Da setzt die Gemeinde ihren Glauben in That um, und der zur That gewordene Glaube wirkt Glauben weckend. Da erfährt der Bedürftige und Nothleidende, daß er einer Gemeinschaft angehört, die ihn hält und trägt. Da lernen aber auch die helfenden Glieder der Gemeinde in der Uebung der Liebe erst recht in der Gemeinschaft und für die Gemeinschaft leben, und von welchem Segen das für ihr persönliches Christenleben ist, brauche ich nicht erst zu sagen.

Lernen können hier aber vor allem auch die Vorsteher der Gemeinden, die Kirchenvorsteher, Kirchenräthe oder wie sie heißen. Die neueren Verfassungsgesetze haben ihnen große Aufgaben gestellt, aber die Klage ist weit verbreitet, daß sie diesen Aufgaben nur erst sehr unvollkommen genügen. Nun, hier ist für sie die beste Schule. In der kirchlichen Armenpflege werden sie lernen kirchlich zu handeln und durch die diakonale Thätigkeit für höhere Aufgaben tüchtig werden. Man redet heute viel von der Selbständigkeit der Kirche. Denken wir nun nicht, sie solle der Kirche eines Tags von selbst in den Schoß fallen. Sie will erarbeitet sein. Sie wird auch erst wahren Werth für die Kirche haben, wenn der Kirche mehr als das heute der Fall ist, gereifte christliche Persönlichkeiten zu Gebote stehen, die geschickt sind, in Gemeinschaft mit einem tüchtigen Pastorenstande der Kirche zu dienen. In der kirchlichen Armenpflege können sie herangebildet werden.

Und nun möchte ich noch darauf hinweisen, daß die Kirche der Gegenwart nicht unter einem willig auf ihr Wort hörenden, durch kirchliche Sitte gebundenen, an Gehorsam gegen die Kirche und ihre Ordnungen gewöhnten Volke arbeitet, sondern unter einem ihr vielfach entfremdeten, um nicht zu sagen feindlichen. Wie soll das ihr wiedergewonnen werden? Gewiß durch das Wort, die einzige Macht, die ihr gegeben ist. Aber was soll dem Worte den Weg bahnen, die Herzen erschließen? Nichts anders als was ihm auch den Weg gebahnt hat, als die Kirche einer heidnischen Welt gegenüber stand, die Macht der Liebe. Die Kirche muß wieder eine Macht der Liebe in der Welt werden, sonst wird sie selbst nie wieder zu einer das Volksleben beherrschenden Macht werden.

Gottlob! ist ja viel Liebesleben da, aber es ist zersplittert und dadurch in seinem Einfluß auf das Volksleben geschwächt, es bedarf der Sammlung, der Verbindung, der Concentration. Es wird viel gearbeitet, aber die Arbeit steht vielfach nicht in Verbindung mit der Kirche und ihrer Arbeit, es fehlt die Wechselwirkung zwischen ihr und dem Gemeindeleben, und deshalb bringt sie der Kirche nicht den Segen, den sie ihr bringen könnte und sollte. Es ist durchaus nicht einerlei, durch wen einem Nothleidenden geholfen wird. Wird ihm die Hülfe durch einen freien Verein zu Theil, so wird er sich diesem verbunden wissen; wird ihm dagegen unmittelbar oder mittelbar durch den Dienst der Kirche geholfen, so wird damit auch ein Band zwischen ihm und der Kirche geknüpft, ihm und der Kirche zu gut. Dazu kommt das Unruhige, Planlose und Zufällige, das der Liebesthätigkeit unserer Zeit vielfach anhaftet. Wie viel Kräfte und Mittel werden ohne rechte Frucht verbraucht, die an der rechten Stelle und in der rechten Weise verwendet reiche Frucht bringen könnten. Es ist nicht wohlgethan, sich gegen diese Mängel zu verblenden. Die Dankbarkeit für die Gnadengabe, die Gott unserer Zeit in der wiedererwachten und so reich entfalteten Liebesthätigkeit geschenkt hat, bethätigen wir viel besser damit, daß wir die Mängel offen eingestehen und nach Mitteln suchen, sie zu beseitigen. Das Hauptmittel ist aber eine geordnete kirchliche Armenpflege, eine lebenskräftige Gemeindediakonie. Sie ist die höhere Stufe der Liebesthätigkeit, der wir zuzustreben haben. Wir werden sie mit Gottes Hülfe erreichen, wenn wir treu weiter arbeiten.

Göttingen, Druck der Dieterich'schen Univ.-Buchdruckerei (W. Fr. Kästner).

VERLAG VON VANDENHOECK & RUPRECHT IN GÖTTINGEN.

Kürzlich ist erschienen:

Christus ist unser Friede.
Soziale Zeitpredigten und Betrachtungen

gesammelt und herausgegeben
von
Pfarrer Lic. **Weber** in M.-Gladbach.

1. Sammlung. Mit e. Einleitung des Herausgebers: Über die soziale Aufgabe der Predigt in unserer Zeit. XVI, 303 S. gr. 8.
2. Sammlung. Mit e. Einleitung von Prof. Baumgarten-Jena: Über Anwendung und Ausbreitung der Predigtgedanken unter der Kanzel. XV, 270 S. gr. 8.

Preis jeder Sammlung gebunden 4 ℳ; geheftet 3 ℳ
Beide Sammlungen in einem geschmackvollen Leinenband 7 ℳ 20 ₰

Die Bedeutung dieses Werkes für die Gegenwart bedarf keiner Erläuterung. Es ist von verschiedenen Consistorien und der gesamten Presse warm empfohlen worden.

Unter den Mitarbeitern befinden sich die Herren: Baur-Coblenz, Burckhardt-Berlin, Coldit-Chemnitz, Drews-Dresden, Naumann-Frankfurt, Rade-Frankfurt, Sachsse-Bonn, Stöcker-Berlin, Uhlhorn-Hannover u. a. m.

— Ein ausführlicher Prospect mit Inhaltsangabe steht zu Diensten. —

Anfang October 1892 erscheint:

Soziale Gedanken in Anlehnung an die Sonn- und Festtags-Evangelien.
Von Paul Walther, Pastor in Moritzburg b. Zeitz. Etwa 21 Bogen 8. Preis etwa 3 Mk., geb. 4 Mk.

Früher ist erschienen:

Katholicismus und Protestantismus gegenüber der sozialen Frage
von D. Gerhard Uhlhorn. 2. unveränderte Auflage. 62 S. gr. 8. 1887. 1 Mk.

Anfang 1892 sind erschienen:

Untersuchungen über die äußere Entwicklung der afrikanischen Kirche,
mit besonderer Verwertung der archäologischen Funde. Von Past. Lic. Al. Schwarze. Mit 2 Abb. im Texte, 3 Tafeln, 1 Plan und 1 Karte. IX, 194 S. Lex.-8. 1892. 7 Mk.

In Anerkennung dieser Leistung hat die Theolog. Fakultät zu Straßburg den Verfasser zum Lic. theol. *honoris causa* ernannt.

Hermann Bonnus,
erster Superintendent von Lübeck und Reformator von Osnabrück, nach seinem Leben und seinen Schriften dargestellt von D. B. Spiegel. Nebst 14 Anlagen u. e. Bildnis von Bonnus. 2. umgearb. u. vervollst. Aufl. VIII, 212 S. gr. 8. 1892. 4 Mk.

VERLAG VON VANDENHOECK & RUPRECHT IN GÖTTINGEN.

„Der Meyer'sche Kommentar ist für Prediger, die studiren gelernt haben, eine unerschöpfliche Quelle fruchtbringenden Schriftverständnisses." (P. Böhm-Reinickendorf in der Cartellstg. theolog. Vereine 1892, 11.)

„Wer nicht wenigstens einige neutestamentliche Hauptschriften mit umfassenden Kommentaren durcharbeitet, der wird das Wesen evangelischer Schriftforschung niemals recht erfassen und auch im Amte vom Gebrauch kurzgefasster Handbücher keinen wahren Nutzen haben". Aus der Besprechung der 8. Aufl. des Kommentars zum Matthäusevangelium in dem Theolog. Lit. Blatt 1890 No. 50.

Kritisch-exegetischer Kommentar
über das
NEUE TESTAMENT
begründet von
H. A. W. Meyer.

Band:			Mk. Pf.		Mk. Pf.
I. 1.	Evangelium Matthäi, neu bearb. v. Bernh. Weiss.	1890.	8. Aufl.	7 —	gebunden 8 60
— 2.	— Marcus u. Lucas, von B. u. J. Weiss.	1892.	8. Aufl.	8 —	gebunden 9 60
II.	Evangelium Johannis, von B. Weiss.	1886.	7. Aufl.	8 —	gebunden 9 60
III.	Apostelgeschichte, neu bearb. von H. H. Wendt.	1888.	7. Aufl.	7 40	gebunden 9 —
IV.	Römerbrief, neu bearb. v. Bernh. Weiss.	1891.	8. Aufl.	8 —	gebunden 9 60
V.	Erster Korintherbrief, neu bearb. von G Heinrici.	1888.	7. Aufl.	7 —	gebunden 8 60
VI.	Zweiter Korintherbrief, desgl.	1890.	7. Aufl.	5 40	gebunden 7 —
VII.	Galaterbrief, neu bearb. v. Fr. Sieffert.	1886.	7. Aufl.	5 —	gebunden 6 60
VIII.	Epheserbrief, bearb. v. Wold. Schmidt.	1886.	6. Aufl.	4 —	gebunden 5 60
IX.	Philipper, Kolosser und Philemon von E. Haupt.		Ist in Vorbereitung.		
X.	Briefe an die Thessalonicher, von W. Bornemann.		Ist in Vorbereitung.		zusammen 10
XI.	Briefe an Timotheus und Titus, bearb. v. B. Weiss.	1885.	5. Aufl.	5 —	gebunden
XII.	Briefe Petri und Judas, von E. Kühl.	1887.	5. Aufl.	6 —	gebunden 7 60
XIII.	Der Brief an die Hebräer, von B. Weiss.	1888.	5. Aufl.	5 40	gebunden 7 —
XIV.	Die Briefe des Johannes, von B. Weiss.	1888.	5. Aufl.	3 40	zusammen
XV.	Der Brief des Jacobus, neu bearb. v. W. Beyschlag.	1888.	5. Aufl.	3 40	gebunden 8 40
XVI.	Die Offenbarung Johannis, v. Fried. Düsterdieck.	1887.	4. Aufl.	9 —	gebunden 10 60

Um die Anschaffung des **Gesammtwerkes** (17 Bände) zu erleichtern, haben wir bei gleichzeitigem Bezug aller Bände den Gesammtpreis von 102 Mk.
auf 70 Mk. (in Halblederbänden 94 Mk.) ermässigt.
Grössere Ergänzungen nach Anfrage zu ebenfalls ermässigten Preisen.

Pastoralbriefe des Apostels Paulus. Praktisch-theologischer Kommentar von Prof. D. Karl Knoke.
I. Theil 1887: Der 2. Brief an Timotheus. 3 ℳ 60 ₰.
II. Theil 1889: Der 1. Brief an Timotheus u. der Brief an Titus. 6 ℳ 40 ₰.

„Vorliegender Kommentar zu den Pastoralbriefen gehört jedenfalls zu dem Besten, was die praktisch-theologische Auslegung des N. T. in den letzten Jahren hervorgebracht hat" (Theolog. Lit.-Zeitung 1889, No. 22).

Der Brief an die Epheser erläutert von Prof. A. Klöpper.
IV, 201 S. gr. 8. 1891. Preis 4 M. 40 Pf.

VERLAG VON VANDENHOECK & RUPRECHT IN GÖTTINGEN.

Soeben beginnt zu erscheinen:

Handkommentar
zum
Alten Testament.
In Verbindung mit anderen Fachgelehrten
herausgegeben von
Prof. D. W. Nowack.

Fertig liegen vor:

II. Abth., *Die poetischen Bücher*, 2. Band:

Die Psalmen übersetzt und erklärt von Prof. D. **Fr. Baethgen** in Greifswald. 31 Bogen Lex. 8. Preis 8 Mk. 20 Pf., geb. 10 Mk.

III. Abth., *Die prophetischen Bücher*, 1. Band:

Das Buch Jesaia übersetzt und erklärt von Prof. D. **Bernh. Duhm** in Basel. 30 Bogen Lex. 8. Preis 8 Mk. 20 Pf., gebunden 10 Mk.

☞ **Einen ausführlichen Prospect liefert jede Buchhandlung.** ☜

Alttestamentliche Theologie.
Die Offenbarungsreligion auf ihrer vorchristlichen Entwicklungsstufe.
Von D. theol. Hermann Schultz.
4. völlig umgearbeitete Auflage. 1888. 53 Bogen. gr. 8.
Preis 15 ℳ, gebunden 16 ℳ 80 ₰

Das vierte Buch Esra
auf seine Quellen untersucht
von **Richard Kabisch**, Lizentiat der Theologie.
1889. 176 S. gr. 8. Preis 4 ℳ

Aus dem Literar. Centralblatt 1890 Nr. 48: „Der 4. Esra ist für sich ein interessantes, dabei durch seine Beziehungen zur alt- u. neutestamentl. Literatur so wichtiges Buch, dass man sich über jede neue Untersuchung freuen muss, die demselben zu Teil wird, zumal wenn sie mit solcher Gründlichkeit geführt wird, wie die vorliegende".

Vierteljährliche theologische Bibliographie.
Begründet 1848.

Seit dem Jahre 1886 erscheint die **Bibliotheca Theologica** vierteljährlich und führt auch die ausländische Literatur, sowie die Aufsätze der wichtigeren Zeitschriften auf. Für den wissenschaftlich arbeitenden Theologen ist die Bibliotheca theologica ein unentbehrliches Hülfsmittel, da die von manchen theolog. Blättern gegebenen wöchentlichen Literatur-Zusammenstellungen unübersichtlich, auch ohne Jahres-Register und vielfach unvollständig sind.

Der geringe Preis von etwa 2 ℳ 50 ₰ jährlich (je nach Umfang) ermöglicht einem Jeden die Anschaffung dieser Bibliographie.

☞ Für neue Abonnenten ermässigen wir hierdurch den Preis der
Jahrgänge 1863—1885 von 21 ℳ 25 ₰ **auf 10 ℳ**
1886—1890, Neue Folge, von 14 ℳ **auf 8 ℳ**

Anschliessend hieran haben wir:

Zuchold, E. A., Bibliotheca theologica, alphabetisches Verzeichnis der auf dem Gebiete der evang. Theologie von 1830—1862 in Deutschland neu erschienenen Schriften. 2 Bde. VI, 1560 S. gr. 8. von 20 Mark **auf 8 Mark im Preise ermässigt.**

Verlag von Vandenhoeck & Ruprecht in Göttingen.

Im October 1892 verlassen die Presse u. a.:

Philipp Jakob Spener.
Sein Leben und Wirken.
Von
Lic. Paul Grünberg
Pfarrer am Alt-St. Peter in Straßburg i. E.
(I. Band.)
Etwa 34 Bogen gr. 8°.

Eine eingehende und tüchtige Spenerbiographie war nicht nur für Historiker und gelehrte Theologen ein entschiedenes Bedürfnis. Auch weiteren Kreisen wird dieser in sich abgeschlossene erste Band gegenwärtig gewiß willkommen sein.

Lohmann's Lehrbuch der Kirchengeschichte
für höhere Lehranstalten.
3. Auflage.
Völlig neu bearbeitet von
Prof. Dr. Oscar Netoliczka in Kronstadt i. Sieb.
Etwa 14 Bogen gr. 8. Preis etwa 2 ℳ 40 ₰

In seiner neuen Gestalt wird das Buch wie früher nicht nur den Bedürfnissen der Schule, sondern auch Studirenden als kurzes Compendium der Kirchengeschichte dienen.

Die Eschatologie des Paulus
in ihrem Zusammenhange mit dem
Gesammtbegriff des Paulinismus
dargestellt von
Lic. Richard Kabisch.
Etwa 20 Bogen gr. 8. Preis etwa 6 ℳ

Philosophie der Geschichte
von
Kirchenrath Rudolph Rocholl in Düsseldorf.
Etwa 30 Bogen gr. 8. Preis ungefähr 9 ℳ
A. u. d. T.: II. Band.

Dieses Werk ist die Fortsetzung der im Jahre 1878 von demselben Verfasser veröffentlichten, von der philosophischen Fakultät zu Göttingen gekrönten Preisschrift, welche die bisherigen Versuche zum Aufbau einer Philosophie der Geschichte darstellte und kritisirte. (Preis 8 ℳ.) Der neue Band enthält den eignen positiven Aufbau des Verfassers.